法育未来

魏明伦

成都市首届中小学生家庭法治征文大赛优秀作品选集

成都市司法局
成都市教育局　编著
新城快报社

成都时代出版社
CHENGDU TIMES PRESS

图书在版编目（CIP）数据

法育未来 / 新城快报编著. —— 成都 : 成都时代出版社, 2015.8
ISBN 978-7-5464-1429-4

Ⅰ.①法… Ⅱ.①新… Ⅲ.①作文—中小学—选集
Ⅳ.①H194.5

中国版本图书馆CIP数据核字(2015)第184178号

法育未来
成都市首届中小学生家庭法治征文大赛优秀作品选集
FAYU WEILAI
CHENGDUSHI SHOUJIE ZHONGXIAOXUESHENG JIATING FAZHI ZHENGWEN
DASAI YOUXIU ZUOPIN XUANJI

成都市司法局　成都市教育局　新城快报社　编著

出 品 人　石碧川
责任编辑　蒋雪梅
责任校对　张　巧
装帧设计　成都原创动力文化传播有限公司
责任印制　干燕飞

出版发行　成都时代出版社
电　　话　（028）86742352（编辑部）
　　　　　（028）86615250（发行部）
网　　址　www.chengdusd.com
印　　刷　四川华龙印务有限公司
规　　格　168mm×230mm
印　　张　15.25
字　　数　186千
版　　次　2015年12月第1版
印　　次　2015年12月第1次印刷
书　　号　ISBN 978-7-5464-1429-4
定　　价　39.00元

编　　著	成都市司法局　成都市教育局　新城快报社
主　　编	张　进　吕信伟　费秉军
执行主编	石　山　屠火明　马海军　石　磊　张　旗
副主编	赵　平　刘　伟　唐　敏　曾　晶　李卫平
编　　委	汪　宏　胡　勇　周嘉树　郑万明　王　文
	刘学伟　陈　川　李敬文　刘　静　李　林
	敖　林　喻　兰　戚　斌　解　文　曹优德
	胡　浚　廖　波　杨锦刚　何志良　熊　虹
	张泽林　张　娅　李　阳　谭　浩　窦　萍

序

用法治之光照耀孩子们前行的路

这是一部沉甸甸的集子！

"成都市中小学生家庭法治征文大赛"将法治教育与课堂教学、课外活动、学生社会实践紧密结合，将学生、家长、学校有机联系。同学们投稿踊跃，佳作迭出。我们通过门户网站、政务微博、微信公众号等渠道大力推广，《新城快报》辟出专版刊载优秀征文，最终遴选出100余篇佳作汇集成册，为全市中小学生提供了一本开卷有益的好书！

这百余篇优秀法治征文的背后，是成都市一千余所中小学校法治教育的投影，是成千上万家长对孩子们的拳拳关爱之情，是同学们用心观察复杂世界的结果，是孩子们用心书写出对法律的敬畏！这是我们举办征文活动的最大收获。

没有规矩不成方圆。对国家、对社会来说这规矩就是法。作为国家公民和社会成员，人人都要遵守法律，维护法律。加强法治教育和培养守法意识同等重要。孩子们是祖国的未来，更应该从小学习好法律知识，遵守法律和社会规则。只有扣好人生的第一颗扣子，将来才能成为一个文明、诚实、守信的人，成为一个对家庭、社会、国家有用的人。

作家柳青说："人生的道路虽然漫长，紧要处却常常只有几步。"只有知法、懂法、敬法，方能帮助孩子们学会分析、学会辨别、学会拒绝，才能切实做好自我保护，才能防止"一失足成千古恨"。

　　我们希望通过本次征文大赛，帮助你们健康成长；我们更希望每一位家长通过活动切实增强自身法治意识，强化法治思维，和孩子们同进步、共成长，共同建设一个学法、遵法、守法、用法的良好社会氛围。我们希望全体社会成员都明白：法律不仅是对行为的约束，更是捍卫尊严、权利的有力武器！

　　生命是美好的，生活是多彩的，要享受这一切必须以知法守法为前提。我们应该时刻牢记，孩子们的健康成长不仅关乎自己、关乎家庭，更关乎我们这个社会的美好未来！

　　让我们携手共进，用法治之光照亮每一位孩子前行的路！

成都市司法局　成都市教育局　新城快报社

2015年12月

法韵未来

目 录
CONTENTS

小学组
三等奖

初中组
特等奖

高中组
三等奖

法育未来

学法用法 法育未来
成都市首届中小学生家庭法治征文比赛正式启动

"从小要学法，法律威处大，生活大世界，处处不离它。"

编撰朗朗上口的法律童谣，书写自己的法治童话，发表个人独到的法治评论……在青少年群体中开展法治宣传教育，不再是传统的讲课，也不再是散发传单等宣传形式，而是让青少年切身体会，亲自动手，践行普法，这样的普法宣传将在青少年中撒出怎样的法治火花？

近日，成都市教育局、成都市司法局联合发文，启动"学法用法·法育未来"为主题的成都市首届中小学生家庭法治征文比赛，扎实推进"法律进学校"，旨在提高青少年法治意识、帮助青少年学法、懂法、守法和用法，宣扬关心重视青少年法治教育的社会氛围，预防青少年违法犯罪，促进青少年健康成长。

法治征文注入家庭元素
学生、家长、学校普法无缝对接

在成都市教育局、成都市司法局联合发文中指出，此次征文以学校为单位，积极动员学生及家长共同参观法治文化设施、观看法治影视作品、阅读法治书籍、观摩或参与（模拟）庭审活动等法治教育活动。由学生自愿报名，按要求撰写法治征文，家长附上法治感言。

"此次征文比赛将家庭元素与学校法治宣传相结合，在成都应该算是第一次。"成都市司法局有关负责人介绍说，通过本次大赛，实现学生、家长、学校三大主体的普法无缝对接，真正将普法工作落到实处，充分体现普法工作的全面性和重要性，将开创"人人都是普法员"的良好局面。

充分利用法治设施
共享法治文化建设成果

"以前我们对于青少年的法治宣传，都仅仅是安排讲座等传统单一的形式，这次可以引导学生们参观法治主题公园，青少年法治教育基地体验感更明显，对法治宣传将会有更好的效果。收到发文后，都江堰教育局的一位负责人说道。

法治文化基础设施是展示法治建设成果、开展学法讲法活动的重要平台和有效载体。据了解，目前，成都市各区（市）县基本完成了青少年法治教育基地、法治主题公园、法治文化广场等基础设施的打造，让市民在广场、公园游乐、休闲、娱乐的同时，潜移默化地接受了普法教育，使其更加贴近市民生活。而此次青少年法治征文活动，引导学生参观法治现场，将有助于法治文化及社会主义核心价值观的普及和宣传，让法治扎根于青少年心中。

评选108篇获奖优秀作品
汇编成书全市发行

"此次征文我们分为小学组（不含1-3年级学生）、初中、高中（职高）三个组别，根据不同组别征文要求也有所不同，成都市教育有关负责人介绍说，小学组撰写法律童谣或童话（寓言）故事/初中组撰写观（读）后感；高中组撰写法律议论文（即法律评论）。"其中包含重要家庭元素的家长感言内容。

征集的作品将由市教育局、市司法局组织知名作家、法律专家、名师进行专业点评并推荐获奖作品108篇，其中特等奖3名，一等奖15名，二等奖30名，三等奖60名。市教育局和市司法局将对优秀作品进行汇编，通过官方网站、政务微博、微信公众号等渠道播广获奖作品，制作展板在地铁站点提放，扩大活动影响力。同时，活动还将评选出优秀指导老师，组织奖。本报将全程宣传报道活动开展情况，采访参赛家庭，专访知名评委，选登优秀作品等。

快报记者 袁萍

"学法用法·法育未来"成都市首届中小学生家庭法治征文比赛系列报道

积极开展家庭法治征文 立体推进普法教育

清泉学校学生们在法治文化长廊晨读

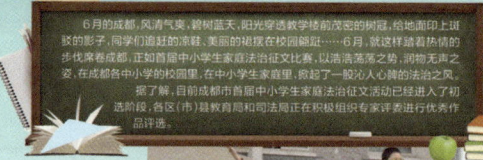

6月的成都，风清气爽，绿树蓝天，阳光穿过教学楼前茂密的树荫，给地面印上斑驳的影子，同学们遗落的凉鞋、美丽的裙摆在校园翻动……6月，就这样伴着热情的步伐奔着来，正如首届中小学生家庭法治征文比赛，以一幅浩荡之势，润物无声之姿，在成都各中小学的校园里，在中小学生家庭里，撤起了一般沁人心神的法治之风。

据了解，目前成都市首届中小学生家庭法治征文活动已经进入了初选阶段，各区（市）县教育局和司法局正在积极组织专家评委进行优秀作品评选。

家校联动深化法治教育

"无论是学习还是生活，法治始终贯穿学生成长的方方面面。普法宣传教育更是学校教育的重中之重。"高新区玉林中学的王老师说，此次法治征文将家庭元素注入到学生作品当中，让普法结合学校和家庭的双重力量，更加立体有效。"

为了吸引更多家长参与到学生法治教育的活动中来，青白江区实验小学特意安排学生和家长一同参观了"青白江法治主题公园"，一位家长向记者说道："我家小孩以前比较调皮，但是这次跟孩子一起感受法治教育活动，我明显感觉到小孩的言行上有所改变，知道按规矩办事。"据了解，截至5月28日，青白江区已收到来自24所学校的家庭法治作文总共118篇。

多形式开展征文活动

"国有国法，班有班规，我们要从小品里面的违法行为中吸取经验，做一个遵纪守法的小公民。"青羊区金沙小学的同学们正在开展一场生动有趣的法治课，几个小伙伴站在讲台上，演起了"法治小品"。下课后，五年级二班的王同学在作文上写到："法律是神圣不可侵犯的，我们要学习它并且敬畏它。"目前，青羊区已收到来自20多所学校共计300余篇征文。

而在成都市工程职业技术学校，学生们却开起了法治电影。"观看法治电影，让我对法治有了更深刻的理解。"该校学生们纷纷表达了自己对电影中法治情节的见解。

成都市工程职业技术学校组织学生观看法治电影

金沙小学开展"争做遵纪守法小卫士"主题活动

征文内容丰富有趣

"作品基本都从青少年自身的角度出发，有的谈到青春期怎样避免步入法律误区；有的针对贪污腐败，讨论法律人人平等；有的通过对政治课学的著作，得出法律是保护自我权益的有效武器……"一位从教40余年且有着丰富评审经验的老师对此次优秀作品时说道。他还发现同学们的作品风格迥异，或幽默风趣却富有深意的寓言故事，或逻辑清晰思维严谨的议论文体，或天马行空的法治童话……"作品也都结合了家庭元素，反映出学生们对于法治的深刻理解，家庭法治文活动意义非凡。"

目前，全市其他区（市）县也都已经进入优秀征文作品初审阶段，期待参加成都市首届家庭法治征文比赛的同学们都能取得好成绩，并能在活动中真正领悟到法治社会的重要意义。

快报记者 袁萍

新城快报 / 法治成都 / 04

2015年6月23日 星期二 主编 李卫平 编辑 袁萍 美编 陈诜

成都市首届中小学生家庭法治征文大赛系列报道

9大评委坐镇 家庭法治征文明日"终审"

精彩的故事，在温情六月里晶莹灿烂；
动人的情节，在艳阳高照里熠熠生辉；
鲜明的主题，在青少年心里深深烙印……

成都法治，法治成都！从5月初至今，由成都市司法局和成都市教育局联合主办的中小学生家庭法治征文比赛，在成都青少年的行列里，走出一道轰轰烈烈的法治梯队。

全市参与 家校联动助推法治教育

据了解，成都市21个区(市)县司法局、教育局高度重视法治教育活动，各中小学校踊跃参与，针对本次活动制定出详细可行的活动方案、评比细则，全体师生共同参与。为了贴合此次"家庭法治征文"的主题，各个学校还组织学生和家长共同参与法治主题活动，让青少年法治教育真正实现了学校、学生、家庭无缝对接。

"家长参与到孩子的法治教育中，对于孩子和家庭乃至社会，都具有非常深远的意义。"玉林中学的一位家长说道。

公平公正 9大专家坐镇评审现场

据统计，全市21个区(市)县共收到学生作品5万余篇，经过层层筛选，优中选优，由各区(市)县司法局和教育局联合向大赛组委会推荐优秀作品351篇。在即将开始的终极评审中，大赛组委会将遵循"公平公开公正"原则，屏蔽所有参赛作品个人信息。

"青少年是祖国的未来，法治教育于培养现代合格公民意义重大。"此次大赛的评委王志坚说道，

"我将同其他8位评委一起，坚持评审公平公正，要充分结合作品的法治、家庭等因素，做好此次大赛的评审工作。"明日，由知名作家、教育专家、法学专家、媒体记者等组成的专家评审团，将分成小学、初中、高中三个组别进行评选。

9位专家评委都是"重量级"权威人士，我们一起来认识一下。

小学组

李牧雨

著名儿童文学作家，四川省文联国家一级作家、著有小说集《致命的彩排》，系列长篇儿童小说"追风少年"系列、"明仔走天涯"系列、《鹿鹿的迷幻花园》系列、《亲亲伙伴》等30多部，创作电影《藏刀》《花旦》等，多次荣获国家级、省部级文学奖项、电影奖项等。

姚嗣芳

国家级骨干教师，多次执教全国、省、市、区的研究课。辅导学生参加全国作文大赛，曾有数百人获奖。获得"四川省特级教师""成都市教育专家""全国模范教师"等荣誉称号。

蒲虎

四川广力律师事务所主任律师，四川大学法律硕士。成都市政协常委、成都市律师协会副监事、成都市青联委员、成都市纪委监察局特邀监察员。曾获得"成都市优秀记者""成都市优秀律师""成都市'六五'普法先进个人"等荣誉称号。

初中组

林文询

四川文艺出版社编审，四川省作家协会主席团名誉委员，中国作协第五、六、七届代表。1962年开始发表作品，著有长篇小说《白梦》《高原狼》等，中短篇小说集《美丽绸》等，散文随笔集《送你一束野荆》《寻找忧伤》等。

李镇西

1982年2月参加教育工作，多年从事中学语文教学和班主任工作，深受学生爱戴。现供职于成都市武侯实验中学。获得荣誉若干，出版专著多部。他的教育理念是："朴素最美关注人性做真教育，幸福至上享受童心当好老师。"

邓勇

法学硕士，现任四川善嘉律师事务所主任，首席合伙人，兼任成都市律师协会副会长、成都市政协委员、省青年联合会委员等职务。先后被授予"党员律师标兵""四川省优秀青年律师""优秀党员律师"等多项荣誉称号。

高中组

王志坚

特级教师，成都市教育学会会长，中国教育学会高中专业委员会副理事长，全国中小学心理健康教育专业委员会常务理事。四川师范大学客座教授、教育硕士专家指导组成员，硕士生导师。

周波

《成都教育周刊》主编，作为具有物理学科和新闻专业高等教育背景的职业媒体人，负责编辑包括《成都教育周刊》十余年，对中小学生作文现状有着较深了解。

赵梅

四川公生明律师事务所副主任，成都市政协委员、成都市青联委员。先后获得"四川省优秀女律师""蓉城十佳律师"提名奖，获得"成都市优秀青年律师""成都市法律援助先进个人"等多项荣誉称号。

快报记者 窦萍

小学组

一等奖

法律消失的一天

◎ 成都市草堂小学西区分校　周一瑾
◎ 指导教师　杨　琳

"法政课太难了，要是世上没法律多好……"小猫灰毛放下手中的《刑法》，嘀咕道。

"你讨厌法律？"空灵的声音传来。

灰毛惊讶地问："你是谁？"

声音幽幽地说："我是精灵，能帮你达成心愿！"

"法律消失了，你可别后悔！"

"什么精灵，法律不可能如我愿消失！"

"唉，别做梦了，还是背书吧！"灰毛想着就去拿桌上的《刑法》，却什么也没拿到。

"书不见了？还没背完呢！"灰毛把屋子翻了个遍，仍没看见书。

灰毛眉头一皱，猛然狂奔出门。

警局不见了！精灵真的让法律消失了！

"抓小偷啊！"麻鸭的声音响彻云霄。灰毛追得气喘吁吁，终于抓到了小偷。小偷却嚣张地说："我就偷东西了，你能拿我怎样？"灰毛语塞，放了小偷。

一整天，鳄鱼抡刀伤人，黄鼠狼抢劫财物……居民们怨声载道。看着这些，灰毛惭愧地说："精灵，我错了，你让法律回来吧！"

"我说你会后悔吧！你看，没有法律的世界多么糟糕，你以后可要认真学法政课啊。"

灰毛眩晕起来，清醒后，发现又回到家中，而桌上依旧放着《刑法》。灰毛拿起书，边读边想：还是有法律的王国最和谐！

● **家长感言：**

在法律面前人人都是平等的，所以当我们生活工作中遇见违法行为的待遇的时候，一定要拿起法律的武器保护自己，保护群众。如果这个社会没有法律的约束，那不是像文中所写的那样，乱套了吗？

● **老师评语：**

亚里斯多德曾说过："法律就是秩序，有好的法律才有好的秩序。"本文这个很有创意的童话故事，通过灰毛梦境中的遭遇，让我们实实在在地感受到了法律的威力！感受到了秩序的魅力！

● **评委点评：**

这是一篇有着感性想象力又有着一定理性思考的寓言故事，生动细致地描写了人类社会失去法律哪怕只是一天也会产生的各种混乱局面和严重后果，充分说明法律对社会正常运转、人民幸福生活的重要性。动物们认识到有法律的动物王国才最和谐，小作者也意识到有法律的人类社会才可能和谐。这是法治观念深入孩子心灵的可喜成果，也是社会进步的最生动体现。培养孩子的现代公民意识，法治观念的培养是第一位的，也是必不可少的。

老狼获救记

◎ 彭州市延秀小学　李诗怡
◎ 指导老师　刘永燕

　　"嗷——"狼王卡普发出一声长啸，召集狼群开会。

　　卡普说："因为干旱，我们的猎物已经死了，我决定转移到远方草原去捕食！"

　　"大王，狼群三日没进餐，连最年轻力壮的大公狼都受不了啦，何况我们母狼？"卡普最宠爱的王妃紫槐香娇声说道，"可怜的我们可能还没到目的地，就已饿死了！"

　　紫槐香的话让卡普心急如焚："那该怎么办？"

　　紫槐香扫了一眼众狼，说道："大王，我有个请求，不如让灰毛做一个小牺牲吧，反正它早已老了，跟着咱们是个负担，还不如让大家吃了他！"

　　群狼激动起来："灰毛是最没用的老狼，吃喝拉撒不能自理，留着也没用。"群狼朝躺在树下的灰毛逼近，眼里放射出兴奋的光芒。卡普想制止它们，却又无可奈何。

　　"住手！"动物界最有权威的智者金丝猴满头大汗地蹦到卡普面前，从大布包中掏出了一本书，上面印着《老年人权益保障法》几个大字。他大声地读完书里的内容说，然后说："善待老者，就是善待明天的自己。你们如果伤害了老狼灰毛，就触犯了《老年人权益保障法》，必定受到惩罚！卡普，还不快点阻止它们！"

　　"听到了吗？还不赶快停止你们的行为！老狼灰毛受《老年人权益

保障法》的保护，谁都不能伤害他！"卡普扯开嗓子厉声叫道。狼群停止了攻击，羞愧地低下了头。金丝猴满意地笑了，为狼群讲起了更多的法律知识……

● **家长感言：**

　　老吾老以及人之老，幼吾幼以及人之幼。尊敬老人、关爱老人，是中华民族的传统美德，更是遵守《老年人权益保障法》的具体表现。全社会齐动员，反对歧视、虐待老人的行为，为老人安享晚年提供保障。

● **老师评语：**

　　小作者的想象力非常丰富，以童话故事的形式告诉我们应该遵守《老年人权益保护法》的道理。写得生动具体，耐人寻味。

● **评委点评：**

　　该篇作品生动有趣，富于想象力，用一个简短的小寓言带出了一个人类社会面临的问题：怎么样善待老年人群体，这是一个道德问题，也是一个法治问题，虐待老人肯定会为道德所不容，并涉嫌犯罪。小作者以生动的情节借用动物社会提出了个人的思考，有独特的视角和耐人寻味的细节，很可贵。

陷在法律牢笼中的老虎

◎ 成都市沙湾路小学　伍炫霖
◎ 指导教师　胡　容

　　森林里来了一只恶霸老虎，打人骂人、偷东西、抢食物，无恶不作……他整天在森林里高唱着："大森林里我是王，所有动物都怕我！"

　　一天，他远远看见一只小兔在采蘑菇，就马上跑过去，狠狠咬住小兔的尾巴，大吼着："把蘑菇给我！"可怜的小兔吓得手足无措，蘑菇撒了一地。小兔哀求道："老虎大王，这，这……这些蘑菇都给您，饶我一命好吗？"老虎冷冷地哼了一声，一脚把小兔踢飞在地，把蘑菇也踩得稀烂。

　　森林里的动物们忍无可忍了，大家一致决定团结起来，制定一部《森林法律》，保护弱者的生存权益，维护森林的社会秩序。在《森林法律》颁布后的第一天，老虎正在欺负一只小乌龟的时候，被黑猫警长抓个正着。在审判法庭上，猫头鹰法官根据《森林法律》的第39条——不得伤害动物，判处把老虎扔到城市，交给人类管教。于是老虎便被人类关进动物园里，想要威风也只能干嚎几声，做做样子。

　　哈哈！大家知道这只老虎被人类关进笼子时是怎么说的吗？原来他说的是"看来法律比森林之王更厉害啊"。

● **家长感言：**

　　看到孩子自己创作的有趣的法治童话，我非常高兴。他小小年纪，已经学着学法、用法。依法治国是实现中华民族伟大复兴的必经之路，只有让法律植根于大众，体现于日常，法律才能真正成为维护社会公平正义的坚固堤防。

● **老师评语：**

　　小作者匠心独运，以小故事寓大道理：任何权威都不可能凌驾于法律之上，法律面前人人平等！

● **评委点评：**

　　这是一篇有想象力的、完整的寓言故事，文字生动流畅，构思巧妙而独特，动物形象生动，趣味盎然。小作者以动物王国借喻人类社会，巧妙而深刻地说明一个道理：在一个没有任何行为约束的社会里所有人都不能安全地生存，任何人都不可能凌驾在法律之上，法律面前人人平等。一个小学生有着法治观念并用法治观念去思考社会问题，说明法治教育的成果已经显现，法治观念的普及是一个现代社会正常发展并日益完善的必备条件。

小熊的故事

◎ 北大附中成都为民学校　刘韵柳
◎ 指导教师　杨　静

小熊的父母忙着卖蜂蜜，基本不管小熊，哪怕羊老师打电话反映小熊的学习情况，他们也是不理不睬。

放假了，小熊自己跑出家门去玩，并认识了经常逃课、还组织了一个"狗腾帮"的小狗，从此以后经常一起玩。

开学了，小熊变得经常逃课，羊老师非常着急，给小熊爸爸打电话说明情况，小熊爸爸却不以为意，认为小熊不读书也可以，更何况小熊还未成年，不可能犯罪。

羊老师一听又气又急："小熊爸爸，现在国家实行九年制义务教育，小熊才14岁，不让他读书是违法的。更何况，虽然小熊未成年，但法律规定了，已满14周岁未满16周岁的未成年人，如果犯了八种较为严重的罪，也要承担刑事责任的！"

然而小熊爸爸总是说羊老师多虑了。

没过多久，一个学生被"狗腾帮"威胁交"保护费"，并被家长知道了。家长随后就找到了学校，学校报了警，警察叔叔蹲点查访，最后抓住了小狗、小熊和其他帮凶。

后来，小熊爸爸和小熊妈妈被一通电话叫到警察局，才幡然醒悟，后悔不已。

● 家长感言：

你能把自己身边的所见所闻写进故事中，很有想象力，希望你以后能带领你身边的人一起学法、用法，然后再接再厉给我们带来更多惊喜。

● 老师评语：

法律意识、规矩意识已经在孩子心中生根发芽，作为教师，应结合学科教学，将法治进课堂落到实处，让孩子从小树立法治信仰、法治思维、法治意识。

● 评委点评：

小作者用一个动物故事生动有趣地说明一个很常见但又非常容易被中国家庭忽略的道理：家庭教育、父母的精神引导在孩子的成长过程中是一个很重要的组成部分。不让孩子完成九年制义务教育是父母重大的失职，甚至涉嫌违法。学校教育、社会教育很重要，但父母的言传身教、细致关怀更是孩子精神力量的来源。故事描写曲折有致，带有一定的理性思考，有一定的深刻意义。

法治　法治

◎ 金堂县广兴镇小学　李薛蕾
◎ 指导教师　李玉翠

法治，法治！　　法治，法治！　　法治，法治！　　法治，法治！
像条小溪，　　　似把尺子，　　　如同氧气，　　　是位将军，
源远流长，　　　果断刚劲，　　　人人皆需，　　　维护利益，
清澈见底。　　　无边无际。　　　形影不离。　　　利国利民。

● **家长感言：**

　　当今社会已进入法治社会，法律知识、法律意识要从娃娃抓起，感谢学校对我孩子的培养。

● **老师评语：**

　　小作者从四个不同角度阐述了法治的重要性，能运用比喻的修辞手法让"法治"渗透人心。

● **评委点评：**

　　该篇作品是征文里所有童谣中比较突出的一篇，用词简单但不简陋，比喻巧妙精当，有童谣的朗朗上口、易于流传的特点，又有着比较深刻的意义和内容。四段文字、四个比喻有理有据，有层次有递进，最后一段有理性的升华，充分说明了法治对社会发展的重要性和做一个守法公民的重要性。

小学组

二等奖

小白兔吃烧烤

◎ 彭州市实验小学　谭雨桐
◎ 指导老师　贾一戎

　　星期天，喜欢户外活动的小兔邀请了小伙伴一起去野外烧烤。

　　它们来到了一个风景美丽的地方，小兔很快支起了烧烤架。突然，小鹿叫道："这地方不能烧烤！"小兔定睛一看，不远处有一块大大的警示牌："森林严禁烟火！"

烧烤还继续吗？就在小兔左右为难的时候，小熊说："不就是烧烤嘛，又不会出什么大事。"听了小熊的话，小兔附合说："是呀，不就是烧烤嘛，不会出事的。"于是，它叫其他伙伴们继续烧烤。

玉米、茄子……终于烤好啦！就在大家狼吞虎咽地吃得不亦乐乎时，不知从哪里飘来一股焦煳味。"着火啦！"小熊指着地上的火大叫，其他小伙伴吓得不知所措，四处逃窜。大火迅速蔓延，大片树木相继倒下化为灰烬。

幸好森林消防队及时赶到，迅速控制火势。小兔等因违反规则，烧毁森林，造成了巨大的损失，受到了森林公安机关严厉的处罚。

● **家长感言：**

小朋友通过一个简单的童话故事告诉了我们一个简单但是容易忽略的道理，任何规则都有存在的意义，规则不容许违反，否则可能会引发严重的后果。

● **老师评语：**

本文语言精练，情节设计精彩，主题鲜明。小作者通过一个生动的童话故事，阐述了一个值得孩子们从小铭记的深刻道理：规则不容随意改变。

法治治国

◎ 温江区实验学校　刘奕之
◎ 指导老师　刘康琼

　　森林王国一直以来都是由狮子与老虎分别担任总统和总理的职位。所有的事情都由他们俩处理，王国富强和谐。副总统狗熊却一直游手好闲，大事交给总统，小事理也不理。狮子总统的十年任期到了，森林王国将举行新一届总统大选。狮子、老虎、狗熊都进入了大选决赛。他们几个发表竞职演说，表明自己当上总统以后治国的方向。

　　老虎总理阐述道："我的政治理念是让每个动物都工作，从18岁到60岁，你必须在分配到的工作岗位上坚守，把森林王国经济抓起来！"

　　狮子庄严地宣布自己的理念："我的理念是依法治国，颁布各种法律，让大家安居乐业！"

　　狗熊却懒洋洋地拖着话："我的理念是自由，不会有什么法律限制大家，大家可以自由生活！"

　　动物们被狗熊的"自由理念"打动了："自由，听起来就不错！"

　　"我早就受不了法律了，支持自由！"

　　最终，狗熊当选为总统。狗熊一上任，"自由令"立刻颁布。于是，光天化日之下抢劫、杀人等恶行频频发生。晚上盗贼们翻墙钻洞、入室盗窃。一些强大的动物聚集在一起，组织起黑帮，到处杀动物放火，动物们纷纷逃命。

　　这一年，森林王国粮食产量从一亿吨下降到一千吨，森林公民数量从两亿下降到一千万。动物们不堪其苦，强烈要求狮子重新当总统。后来狗熊不堪压力，让位给狮子。

狮子一上任，立刻颁布恢复《宪法》等法律。在狮子的依法治国下，很快，小偷、罪犯被逮捕，黑帮也被警察打垮，一切回归于和谐的状态，森林王国愈加繁荣、富强。

● **家长感言：**

这篇文章生动巧妙地运用童话的方式反映了法治社会的好处。文章中，老虎狮子这两个角色代表的就是当今社会优秀的法治领导者，而狗熊这一角色则代表了反法治的领导者，文章用在狗熊的反法治领导下，国家惨痛的结果，强烈反映出法治对社会的重要性，符合法治社会的主题，是一篇优秀的文章。

● **老师评语：**

给小学生讲一些法律条款会让他们觉得枯燥难懂，刘奕之采用童话的形式将依法治国的理念渗透在故事中，使读者很容易接受并理解法律的重要性。文章构思巧妙，结构完整，语言、动作描写生动具体，有很强的可读性。

法网难逃

◎ 成都市金建小学校　陈慧琳
◎ 指导教师　李　隽

夜里，森林里的动物都进入了梦乡。"轰——"一阵汽车的轰鸣声打破了森林的宁静。

开车的正是刚参加完聚会的狐狸小姐。"停！"森林交警大喝，"请出示驾照！""什么呀？"她嘴里散发出浓烈的酒味。"小姐，你涉嫌酒驾，还超速行驶，请跟我走一趟。"狐狸小姐痴笑着说："饶了我吧，下次决不会这样做了。"又哭着说："可怜我上有双老，下有幼子！""你必须跟我去警察局！"交警毫不客气。

狐狸小姐突然倒地，身体抽搐。交警立即拨打120。救护车来了，大夫给狐狸小姐做了检查，没查出毛病。交警恍然大悟，在大夫耳边嘀咕了几句。大夫说："警官，我们需要去搬手术仪来给这位小姐做手术。"大夫和交警假装离开。狐狸小姐一听要做手术，一咕噜爬了起来，还没来得及开车门，就被手铐铐了起来。"看你还要什么花招！"交警喝道，狐狸小姐被带进了警察局。

如果狐狸小姐不喝酒，或者喝了酒不开车的话，结果还会是这样吗？现在，等待她的必定是法律的严惩。

● **家长感言：**

　　俗话说"没有规矩，不成方圆"。有些人对此不以为然，以为人应该拥有自由。如果没有法律，或者不遵守法律，那么我们也不会拥有真正的自由。只有人人遵纪守法，社会才有和平和秩序！"法治教育要从娃娃抓起"！

● **老师评语：**

　　孩子从自身独特的视角出发，通过有趣的童话故事渗透法律道理，告诉大家不能抱侥幸心理，违法必惩。"珍爱生命，拒绝酒驾"应该铭刻在每一个交通参与者的心中。相信通过这样的故事能将法律意识传递给更多的小朋友。

新编农夫与蛇

◎ 新都区新都镇谕亭小学　王　玺
◎ 指导教师　吴　婷

农夫被蛇咬伤，幸亏被路人将他送医，保住了一条命。"可恶的蛇！我好心救你，您却恩将仇报，天理何在？"农夫一纸诉状将蛇告上了森林法庭。

终于等到法院开庭审理。随着"咚"的一声法槌响，威严的虎法官宣布正式开庭。

"原告陈述主张。"虎法官声音洪亮而威严。

"我好心将蛇救活，它却反咬我一口。对我的身体和精神都造成了极大伤害，我要求蛇赔偿我的精神损失费100两银子，并追究故意伤害责任！"农夫语调高亢而急迫。

"我……我又没……没叫他救我，既然救了，就救到底，我当时的确快饿死了。"蛇闪烁其词，拼命狡辩。

原告、被告陈述完后，法官随即进行了法庭调查，询问了相关目击证人。虎法官当庭宣布判决结果。

"驳回原告的精神损害赔偿请求，农夫主动救治冻僵的蛇，属见义勇为行为；蛇苏醒后咬伤农夫，属于人身伤害，构成故意伤害罪，依法判处有期徒刑三年！"铿锵有力的判决词久久回荡在法庭上。

黑猫警长将蛇带往监狱的一刻，旁听席上爆发出震耳欲聋的掌声。正义终得伸张，法律神圣而不可侵犯！

静悄悄的谋杀

◎ 高新区和平学校　潘建宇
◎ 指导教师　赖庭楷

"快来人哪！快来人哪！黑水鸡被杀了！"小松鼠慌慌张张地跑来报案。原来，小松鼠发现黑水鸡一动不动地趴在水塘里死了。

狐狸警官走到尸体面前，仔细端详了片刻说："黑水鸡会不会是失足淹死的呢？"

小松鼠不屑地说："黑水鸡虽然是只鸡，但她的水性却比鸭子还厉害！"

"哦！"狐狸警官尴尬地挠挠头，"可会水也可能被淹死啊！……"

"狐狸警官，先别纠结了，还是快破案吧。"

"看来我只有先把黑水鸡先带去验尸，看看到底是怎么回事。"

尸检报告很快就出来了，证明黑水鸡并不是溺水身亡。黑水鸡胃里残余的食物含有足以致命的苯！

"黑水鸡跟其他动物相处得好不好？"狐狸警官问一旁的小松鼠。

"黑水鸡没有仇家，没有谁会下毒。"

狐狸警官带着疑惑在池塘边转了一圈，发现旁边的小树林中有一堆建筑废料。

"走吧，我们晚上再来。"狐狸警官边走边说，"建筑废料里含大量的苯，一定是附近有谁在搞装修，为了省事就把垃圾扔在这里。其中大量的苯就流入水中，小鱼小虾喝了体内就有毒素，黑水鸡吃了就被毒死了。"

夜深了，狐狸警官和小松鼠埋伏在草丛中。这时，一个鬼鬼祟祟的身影推着小车走来，他四处张望了几下就将车里的垃圾全倒在小树林中。

狐狸警官仔细一看，哟，原来是白猫。

"白猫，你涉嫌违反《环境保护法》并致其他动物死亡，所以，请跟我们走一趟！"

● **家长感言：**

孩子向我们讲述了一个因为自己的利益而破坏环境的故事。这让我们明白了爱护环境的重要性，我们每一次乱扔垃圾，都有可能对他人造成无法弥补的伤害，最终害人害己！自觉遵守法律法规从我们每个家庭做起！

● **老师评语：**

遵纪是一种品行，它孕育纯洁的心灵；守法是一种美德，它促进社会的和谐。小作者用生动的童话故事，揭示了破坏环境的危害性，警示我们要遵守《环境保护法》，值得我们深思。

丁丁被拐案

◎ 龙泉驿区第七小学校　杨鑫旆
◎ 指导教师：杨小兰

　　在宁静的森林里，一阵呼天抢地的哭声打破了这份宁静，熊妈妈抹着眼泪："我，我的儿子丁丁丢了，呜呜……在游乐园，我去给他买甜筒，买完回来，丁丁就不见了。"说着熊妈妈的泪水像决堤般的洪水涌了出来。

"赶快报警吧！"河马提醒道。

到了警局，睿智的老虎警官听了熊妈妈的哭诉，立即通知下属封锁了所有码头和车站，并贴了许多告示出去。告示刚贴出去，一只机灵的小猴子就来到警局，向老虎警官提供线索："我邻居狐狸最近早出晚归，行为有些鬼鬼祟祟，有时半夜还会传出小孩的哭声……"老虎警官立刻下令，派一队警察时刻盯着狐狸。过了两天，就在狐狸准备与老狼进行贩卖小熊丁丁的交易时，被埋伏在那里的警察抓获。

森林审判大会开始了，来了很多旁听者。大象法官作了宣判："狐狸和老狼拐卖儿童破坏了家庭幸福，危害了社会安定，对被拐儿童家庭造成了极大的伤害，侵犯了他人的人身自由权。判决狐狸有期徒刑五年，老狼有期徒刑十年。"这时台下响起了雷鸣般的掌声。

小熊丁丁又回到了妈妈的怀抱，森林又恢复了以往的平静。

● **家长感言：**

这篇文章以童话的方式讲述了拐卖的案例，故事是自己孩子构思完成的，有情节，有法治知识。

● **老师评语：**

小作者以丰富而合理的想象，渗透了法治知识，行文流畅，语言活泼，给人以深刻的启示。针对拐卖儿童这一严肃的案例有破案经过，有庭审现场，有判决结果，是一篇法治宣传的好文章。

爱撕邮票的小鹿

◎ 北大附中成都为民学校　邱玉洁
◎ 指导教师　杨　静

　　小鹿家在学校对面开了一家面包店，旁边有一个邮筒。一次，小鹿因为好奇，从邮筒里抽出一封没塞好的信，看到了漂亮的邮票，就把邮票撕下来了。到家后，小鹿还献宝似的将邮票给妈妈看。妈妈只是夸奖了一番，什么也没问就忙去了。

　　小鹿于是每天都会到邮筒处看有没有邮票可撕。

　　直到有一天，小鹿正这样做时，被警察山羊叔叔看到了，山羊叔叔决定同小鹿妈妈谈一谈。

　　小鹿妈妈正忙着招呼客人，一见当警察的山羊大哥牵着自己的女儿进来了，以为出了什么大事，连忙问："山羊大哥，小鹿惹什么事了？"

　　"刚刚我看到小鹿将别人投进邮筒的信封拿出来，还撕掉了邮票，这可是违法的呀。信封是别人的私人物品，未经本人同意乱拿、私自拆看都是触犯隐私权的违法行为。孩子再小，也要抓紧教育啊！"

　　小鹿妈妈不禁出了一身冷汗，连忙应道："大哥说得对，我不应该只顾着忙生意，而忽略孩子的教育啊。"

● **家长感言：**

　　对孩子的教育要处处到位，他们在这个年龄段分不清什么是好，什么是坏，要给予孩子方向正确的教育。

● **老师评语：**

　　孩子的故事写得不错，写出了自己对法治的理解。的确，在生活中，教师、家长以及社会上的所有人的行为，都会深深地影响孩子，家长要以身作则，多关心和教育孩子。

皇帝的命令

◎ 成都市石室小学　廖雅婧
◎ 指导老师　田　霞

　　从前，有一位国王十分喜欢别出心裁。有一天，他突发奇想：废止王国的所有法律。举国上下大吃一惊。

　　警察因此失业。有一天，一位警察他来到大街上，他看到一辆辆汽车因为没有红绿灯的指挥，横冲直撞，车祸接连发生，司机们挥拳相向，场面混乱不堪。警察皱了皱眉头，长长地叹了一口气继续往前走。他又看见几个顽皮的孩子在别人家里翻箱倒柜，房间里一片狼藉。他十分恼火，想冲进去制止他们。然而，他深深地叹了口气，摇摇头继续向前走。他看见以前被自己抓过的罪犯，在街上欺行霸市、调戏妇女，他怒不可遏，紧握拳头；他听见路边房屋里面传来吵架的声音，原来是子女不孝，想把年迈的父母赶出家门……警察越看越忍无可忍……

"全乱套了！"警察感到国家已危在旦夕，他赶忙跑去禀报国王，却发现国王垂头丧气地坐在地上。原来，几名土匪闯入皇宫，把金银财宝洗劫一空，还把皇帝揍了一顿。

警察搀扶着国王，爬到废墟的最顶端，国王向天空吼道："我一定要让家恢复法治！"

● **家长感言：**

　　这则小故事告诉我们一个道理：任何社会都需要一定的行为规则。在没有法律的社会里，人们可以凭借自己的力量任意妄为，实际上任何人都没有保障。法律既是对自由和权利的限制，也是对自由和权利的根本保障。

● **老师评语：**

　　廖雅靖同学的这篇故事，角度清晰，寓意深刻。告诉大家无论在任何情况下，法律既是对某些行为的约束，也是对人民生命、生活的保障。我们需要的就是在一个法治的国家，拥有法律的保护，做一个守法的公民。

不守规则，危险！

◎ 成都市兴盛小学　刘晨堃

◎ 指导老师　张　巧

　　一天，森林里发生大事了。

　　原来这天一早，一只酷爱骑车的小猴子正骑着心爱的赛车到处逛呢，在经过超市门口的十字路口时，明明看到绿灯变成红灯了，他却不理，一个劲儿地闯了过去。这时刚好一辆小货车往这边开，吓得小猴惊慌失措躲让不及，一下就被撞飞到了"森林超市"门口，当场晕过去！超市里的工作人员急忙打电话向医院求救，小猴子被火速送到医院。幸亏抢救及时，脱离了生命危险。

几天后，小猴子森林里特意召开了对于这件交通事故的责任认定大会。大象首先发言："事情是小猴不对，他不应该闯红灯！"斑马爷爷却说："那个司机不对，他不应该经过红绿灯时不减速慢行。"大家各说各有理，最后还是狮子大王下了定论，只听他说："双方都有错！一个是车速太快，另一个是明知红灯还闯……"大家听了狮子大王的话都连连点头，犯错的双方也都心服口服地承认了错误，当着大家的面写下了检讨书。

这件事也让大家明白了：我们都要自觉遵守交通规则，做一个文明的森林好公民。

● 家长感言：

孩子用稚嫩的语言，把他在生活中听到看到的不守交通规则而酿成祸事的事情改编成了童话故事。作为妈妈，我很高兴看见他能编出这样的故事。是的，遵守交通规则，安全出行，才能维系千千万万的幸福家庭啊！

● 老师评语：

法律的内涵是如此博大精深，不过小小年纪的孩子们，能先学习与他们的生活最密切相关的交通法律法规常识，并用纯真又生动的语言描述出来，大人读了也深感童心可贵。

交通安全歌

◎ 锦江区龙王庙小学　肖金雨
◎ 指导教师　陈　静

小朋友，请注意，　　过马路，要看清，　　坐飞机，请注意，

交通安全很重要。　　红灯停，绿灯行。　　安检、买票必须要。

具体内容和规条，　　坐公交，乘地铁，　　遵守规则和指挥，

下面我来讲一讲。　　关心老幼病残孕。　　文明出行好市民。

● 家长感言：

　　女儿的创作积极性很高，通过查找资料及父母提供的相关交通知识，能较快地组织语言完成。孩子们对不同领域的未知信息知识，好奇心很强，接受能力强，积极性很高，希望继续普及交通法规相关知识，保护生命安全，从小做起。

● 老师评语：

　　肖金雨小朋友从一个儿童的视角以自己乘坐交通工具的亲身经历道出了如何维护交通安全及交通规则，提醒大家维护交通安全、文明出行、珍爱生命，从小做起。

小学组

三等奖

百兽之王收受贿赂案

◎ 新都区军屯镇中心小学　李云冰
◎ 指导老师　陈崇国

这天，动物法院又一次开庭了，而接受审判的竟然是百兽之王——老虎！

为什么会这样呢？原来在几天前，老狼有个儿子因为"私闯民宅"被抓进了监狱。老狼左思右想，最后他跑进国王的宫殿，带去了一大笔钱。老狼一脸谄媚地对老虎说："尊贵的百兽之王，我们都认为您是森林中最伟大最神圣的。如今我遇到一点儿困难，还望您帮一下忙。这是一点儿小意思，不成敬意，还望笑纳。"老狼说着将手里装钱的袋子递给了老虎。老虎看着袋子里的钱，两眼放光，连连点头，说道："好说！好说！"

第二天，威风凛凛的警察局长黑猫带着警卫进了王宫。他掏出拘捕证，严肃地对老虎说道："老虎，我们怀疑你收受贿赂，徇私枉法，请跟我们走一趟！"老虎一脸慌张，辩解道："我没有！我没有……"黑猫警长指着老虎身后的一个保险柜说："那就请你把保险柜打开吧！"老虎一听，一下子瘫软了，倒在地上。

后来，老虎战战兢兢地站在被告席上，等待审判。大象法官开口道："老虎虽然是百兽之王，但是，王子犯法与庶民同罪！"于是，老虎被戴上冰冷的脚镣，关进了大牢。

科学立法　公正司法
严格执法　全民守法

● 家长感言：

　　"王子犯法与庶民同罪"，多好的古训哪！法律面前人人平
等，我们的国家将会安定，我们的社会将会和谐！

● 老师评语：

　　该文用寓言形式，为我们讲了一个富有现实意义的故事。
"百兽之王"的锒铛入狱是"法治建设"的巨大胜利！

鸠占鹊巢

◎ 成都市锦里小学　张驰小溪
◎ 指导老师　薛映奕

　　森林里住着斑鸠和喜鹊。勤劳的小喜鹊们叼来树枝和枯草，建了一所漂亮的房子。有一天，喜鹊觅食回来却发现房子被斑鸠占了。于是，他们到森林法院去告状。猴子法官开庭审理，双方各执一词，都说房子是自己建造的。由于喜鹊没有证据，败诉了。

　　伤心无奈的喜鹊们只好重建房子。这一次，他们请来小燕子作证。房子修好后，又被斑鸠占领了。在法庭上，小燕子出庭为喜鹊作证，没想到斑鸠却请来了黑乌鸦作伪证。黑乌鸦硬说房子就是斑鸠建的。由于无法证明黑乌鸦做假证，喜鹊又败诉了。

　　喜鹊们沮丧地回到了森林。一只聪明的花喜鹊想了一个办法：大家在建新房的时候，各自从身上叼出一些羽毛，混进建房的树枝和枯草中。这样就可以留下确凿的证据了。

　　漂亮的新房刚建好，可恶的斑鸠又来霸占了。这一次，喜鹊们拿出强有力的证据，那就是新房建造材料中留下的羽毛！面对证据，斑鸠终于哑口无言，被法官判决退还喜鹊所有住房。从此，斑鸠再也不敢霸占喜鹊的住房了。

● **家长感言:**

　　我们认为让孩子掌握一定的法律常识是非常必要的。正好借这次征文比赛的机会，我带着孩子观看了一些法治影片，还学习了一些法律常识。通过学习，孩子感受最深的是"证据"的重要性，于是构思了《鸠占鹊巢》这篇寓言故事。

● **老师评语:**

　　小溪同学将抽象的法律条例化为了生动形象的寓言故事，构思新颖合理。喜鹊与斑鸠的三次上诉与前两次败诉、第三次胜诉的过程，将证据在民事纠纷中的重要性体现得非常透彻。孩子可以通过故事很好地明白法律庭审最重证据的道理。

小狐狸交朋友

◎ 都江堰市柳街小学　刘泽宇
◎ 指导教师　何玖英

啪、啪、啪……当你听到这声音，肯定知道是谁了。不错，就是小狐狸小新，他最近沉迷于网络游戏，还在网上交了一个朋友，好像叫阿斯，两人天天都在聊天呢，可是有一天……

和往常一样聊天的小新，发现阿斯今天的情绪有点低落，忙问是怎么回事。阿斯叹了一口气："我妈妈生了一场病，治疗需要很多钱，我只能省吃俭用，用更多的钱来给妈妈治病，可还是不够呀！唉！小新，你能帮帮我吗？""当然可以了，我攒了三千元压岁钱，你先拿去救急，明天我们在街心公园见吧！我把钱带给你。""好的！"善良的小新此时还未发觉自己已落入了"猎人"的圈套。

第二天，小新把自己三千块的压岁钱拿着，到街心公园去了。等了许久以后，突然，一只手捂住了他的嘴，抱着他往一辆陌生面包车上跑。小新想喊，可怎么也喊不出声——他的嘴被捂得太紧了！后来，他被陌生人带到了一个偏僻之地，那个陌生人说："小新，打电话给你妈，叫她拿十万元来，不然你小子死定了！"听到了这声音，小新疑惑了：他怎么知道我的名字？脑子里一道光闪过：我上当了，根本没有阿斯！幸运的是，小新的妈妈在接到了电话以后，立刻报了警，警察们救出了小新，坏人也被绳之以法。

小伙伴们，请不要轻易相信那些网上认识的所谓的"朋友"，不然会像小新一样，上当受骗哦！

● 家长感言：

看了孩子的这篇作文以后，我的最大感触就是不要轻易相信网上的"朋友"，要时刻保持清醒的头脑，清晰地认识各种网络诈骗。值得庆幸的是，社会各界为提升未成年人法律意识做了大量的宣传教育，孩子们即便幼小，也能够基本辨别常规骗术。

● 老师评语：

在网络诈骗如此猖獗的今天，小作者能够清晰地认识到网络诈骗中的手段，并且用文字的方式讲述出来，是难能可贵的。可以看出，小作者在平时也很关注这些法律常识，这对孩子来讲，有助于提升自我保护能力。

龟兔赛车

◎ 新都区新繁镇繁江小学　王思捷
◎ 指导教师　刘余琨

　　龟兔赛跑输了，兔子一直不高兴，他找到乌龟："我们不赛跑了，我们去赛车！"

　　"开始！" 随着裁判的声音，比赛开始。开到红绿灯前，乌龟在等红灯，兔子看都不看，笔直地冲出。"站住！"小熊警察出现，"乱闯红灯，请出示驾照，扣6分，罚款200元。"兔子十分懊悔。

　　比赛继续，眼看乌龟又要赢了，兔子踩下油门，汽车如离弦之箭，直冲终点。"站住。"小熊警察开着警车追了过来，说，"又是你！超速行驶，扣分，罚款，和我去警察局接受调查。""什么？！"兔子大叫道，"这样我会输了比赛的。""这不是理由，这是拿生命在打赌。"小熊警察严肃地说。没办法，兔子只好到警察局接受了调查。兔子十分郁闷！

　　兔子的脑袋垂下来继续开车，丝毫没发现自己已经将路牌撞倒了，"站住！"小熊警察说，"破坏公物，且逃离现场，罚款500元！""什么？！"兔子瞬间崩溃。

　　兔子终于到了终点，乌龟早已在那里等兔子了。

　　兔子虽然没有在树下睡大觉，但违反交通规则，违背了法律，最终还是输了。

● **家长感言：**

　　法治宣传教育是贯彻依法治国的思想，是加强青少年思想政治教育工作的一项重要工作内容，为提高青少年的法律意识和法治观念，就必须以从小抓起，从自我做起，成为一个遵纪守法的人。

"大明星"的悲剧

◎ 新都区军屯镇中心小学　王蕴涵
◎ 指导老师　陈崇国

　　唐僧师徒西天取经回来后，猪八戒便一举成名，在天宫倍受众人追捧，一天天神气起来，猪尾巴翘得老高老高的。

　　这天，他喝完百瓶葡萄美酒，摇摇晃晃地开车一路横冲直撞，冲到一个路口。红灯！管它那么多，冲过去！一名黑熊警官突然冒了出来，拦下了他的车："停下！"猪八戒醉醺醺打着酒嗝，把猪头伸出车窗外，对着警官吼道："谁敢拦我的车？看看我是谁！"黑熊警官紧张了，是大明星啊！可他转念一想："不行，我必须阻止他！不管是谁，只要违反了交通法规，都理应受罚！"于是，他对八戒说："按天宫规定，擅闯红灯，要扣车并罚款1000元。""哼！就凭你一个小小交警，想扣我车罚我款，做梦去吧！"八戒涨红了脸讥讽道。"法规面前，人人平等，请接受处罚！""你！今天别想处罚我，我今天就是撞，也要撞过去！"八戒气不打一处来，再次钻进轿车里，"嗖"的一声向前冲去。

　　但他没看到不远处的标志牌——"前方投胎池，请注意减速绕行！""呜呜……我错了，我再也不任性了！"八戒在猪圈中哀号，原来，他再次投进了猪胎。

● **家长感言：**

　　"大明星猪八戒"这一形象，正是那些妄自尊大不把"法治"放在眼中的人的真实写照！

● **老师评语：**

　　该文语言生动，情节曲折，富有教育意义。是难得的好文章！

法律铭记心中

◎ 高新区芳草小学　周子期
◎ 指导教师　易晓燕

　　森林王国的一个小镇上住着一对兄弟——狐狐和狸狸。

　　兄弟俩合开一家工厂，可产品效益总因为燃料成本太高而收益甚微。在一次偶然的机会中，狐狐发现了一种燃烧极为持久的物质——含铅汽油。于是，狐狐大量采集，带回工厂作为燃料。

　　狸狸得知，兴奋不已，忙把含铅汽油倒入锅炉。随着化学反应发出的巨大声响，生产流水线效率提高了一倍多！

可好景不长，由于含铅汽油排放超标，没多久工厂就乌烟瘴气。环保局狗主任见之，立即进厂检查。狸狸看见狗主任来了，马上更换燃料，弄虚作假。狗主任在现场并未发现异常，便不再追究。

天网恢恢，疏而不漏，厂房里的电子眼揭发了狸狸。狐狐和狸狸的行为违反了《大气污染防治法》第四十六条和第五十四条规定，应给予罚款。

如此看来，他们真的是得不偿失——不仅遭受了经济损失，更重要的是污染了自己赖以生存的家园。从此，狐狐和狸狸改过自新，按正规渠道生产，并加入到监督管理的行列，将法律铭记心中，用法律来捍卫森林王国的美丽……

● **家长感言：**

现在的小学生都懂得爱护自己的家园。可在当今现实社会中，企业违规排放、市民乱扔垃圾、执法部门不作为……这类现象仍然屡屡发生，希望孩子能从自身做起，从身边环保做起。

● **老师评语：**

为了能让我们在同一片蓝天下，同呼吸，共命运，同学们，拿起手中的法律武器保卫我们的地球母亲吧！

奇妙的法治

◎ 崇州市蜀南小学　蒲申辛
◎ 指导教师　徐　丁

法治是铁墙，
保护我们的人生利益；

法治是小鸟，
带给我们欢快的歌唱；

法治是翅膀，
带我们自由地飞翔；

法治是朋友，
让我们彼此信任对方；

法治是花朵，
让我们嗅到它的芳香；

法治是梦想，
带我们走向幸福的天堂！

● **家长感言：**

　　人们常说"没有规矩不成方圆"，广大青少年知法、懂法，是其健康成长的需要，是青少年健康成长不可缺少的重要条件，是保护青少年合法权益的治本之策。

● **老师评语：**

　　学法、知法、懂法是普法教育的基础。学生用大家喜闻乐见的方式将本来枯燥无味的法律法规编成了生动活泼的童谣，这样一来，学生们耳濡目染，受益匪浅。

法律歌

◎ 高新区芳草小学　周子期
◎ 指导教师　易晓燕

法律是什么？　　　法律是什么？　　　法律是什么？

法律是老虎。　　　法律是麻雀。　　　法律是天秤。

声声吼，抖抖身，　喳喳叫，醒醒脑，　公平、公正、公开，

谁要触犯定难逃。　时时刻刻敲警钟。　保家卫国民和谐。

● **家长感言：**

　　通过学校、班级组织的法治活动，开设的法治课堂，孩子对法律知识有了更深刻的认识。让法律走进课堂，走进生活，走进群众，孩子改变了，法律意识更强了。保护自己，爱护他人，社会更和谐，未来更美好！

● **老师评语：**

　　这首童谣短小易记，读起来朗朗上口，小作者通过生动形象的比喻，写出了自己对法律的理解。青少年应该从小学法、知法、懂法，在日常生活中，家校之间应多多协作，大力加强法治教育，增强青少年法律意识，从而为青少年的健康成长奠定基础。

一次乐极生悲的郊游

◎ 崇州市蜀南小学　刘林睿
◎ 指导老师　粟才清

　　阳春三月，正是郊游的好时候，小熊一家开着崭新又漂亮的小轿车去郊游。

　　车刚转了个弯，小熊的两位好朋友——小兔和小鹿——便在招手，车停住了。"你们这是去哪儿？"他俩问。

　　"我们一家要出去郊游。"

　　"那能带上我们吗？"

　　"呃……能呀，不过得挤一挤。"熊妈妈说，她实在不忍心拒绝他们。

　　车又朝前行驶了一段，又碰到了小马、小浣熊和小猴子。"你们去干什么？""我们去郊游。""那能带上我们吗？""呃……后排已经没有位置了，那你们就叠罗汉吧！"他们仨兴高采烈地坐上了汽车。

　　小熊玩起了游戏机，小猴说："我也要玩。"于是抢到了自己手中，其他小动物也纷纷开始抢了起来！抢来抢去，一下子滑到了挡风玻璃上！"啊！"随着一声尖叫，小汽车翻车了。

　　原来，因为超载轿车失控，导致了车祸……

　　在这次车祸中，大家都受了不同程度的伤，熊爸爸最惨，他被包成了一个"大粽子"。

　　熊爸爸看着一个个受伤的孩子感叹："以后我一定要严格遵守《交通道路安全法》，决不超载。"

● **家长感言：**

我们每一个人都不能拿自己和他人的生命当儿戏，必须严格遵守法律，这既是对自己负责，也是对他人负责。作为孩子，更应该从小做起，严格遵守各种规章制度，养成遵纪守法的好习惯，从而为创造文明有序的社会做出自己的一份贡献。

● **老师评语：**

小作者语言生动活泼，为我们讲述了一个因超载酿成的惨剧，字里行间透露出对法律的深深敬畏。作为一名教育工作者，我们应该遵循教育规律，树立以人为本的理念，尊重学生个性，充分发挥学生的主体作用，采用学生喜闻乐见的童话形式，让学生在愉快的心境中主动接受法治教育，达到"润物细无声"的效果。

恐龙部落的交通事故

◎ 成都市红专西路小学　黄卓然
◎ 指导教师　邓静波

　　一天，恐龙部落发生了一桩事故！

　　大清早，一只骑着自行车的小恐龙，在经过超市门口的红绿灯路口时，被一辆小货车撞飞到"部落超市"门口，当场昏死过去！

　　超市里的恐龙急忙打电话向医院求救。小恐龙被送到医院后，幸好抢救及时，没有生命危险。

　　经过调查，目击者讲述了事情的来龙去脉：原来小恐龙明明看到绿灯变红灯，却不理，还一个劲地闯了过去。这时，小货车正好高速通过路口，吓得小恐龙惊慌失措避让不及，一下子就被撞飞了。

　　为了这事，恐龙部落里特地召开了关于遵守交通规则的大会。恐龙大哥首先发言："事情其实是小恐龙不对，它不应该闯红灯。"恐龙爷爷却说："是那个恐龙司机不对，它不应该在红绿灯路口，都不减速通行！"大家各说各有理，最后还是恐龙大王下了定论。它说："双方都有错，一个是车速太快，一个是明知红灯还闯！"大家听了恐龙大王的话，都觉得十分有道理，都举手赞成。犯错的双方也都心服口服地承认了错误，表示以后一定遵守交通法规。

　　对于怎样遵守交通规则，大家又七嘴八舌地议论开来了！

　　只听到恐龙爷爷说："作为一个司机绝对不可以疲劳驾驶，因为这种经历到现在还让我后怕呢！有一次，我开车的时候实在是太累了，就一边打盹一边开车，结果撞到了路边的花坛！""是呀！是呀！疲劳驾驶实在是太危险了！"恐龙大哥接着说："可是酒后驾驶更不应该。就在六年前，我去朋友家吃饭。我和朋友一边喝酒，一边聊天，不知不觉就喝了两杯酒！我自己开车回家。结果，竟然撞上了迎面而来的大车。幸亏我当时系了安全带，小命是保住了，可是腿上还留着一条长长的疤呢！真该遵守交通规则，喝酒不开车啊！"

听完恐龙爷爷和恐龙大哥的话，大家都纷纷表示，为了大家和自己的安全都要自觉遵守交通规则，做一个文明的恐龙部落的好公民！

● 家长感言：

法，其实就在我们每个人的身边。只要我们每个人学习法律法规知识，遵守法律法规，并运用法律法规保护自己，我们就一定可以构建一个和谐的法治社会。

法律无处不在，关注身边、关注法律，我们的生活一定会更美好！

● 老师评语：

用拟人化的手法，巧妙的结合现实生活中的事例，形象深动地表达了小作者的感想：人人都遵守交通法则，这样社会才会更平安和谐。

帕丁顿熊游记

◎ 郫县新民场小学　高文彤
◎ 指导教师　邱应菊

　　一只住在秘鲁的小熊帕丁顿初次来到一座大城市，对这个城市它还一无所知。

　　帕丁顿乘船到达美国海域。它高兴地跑到临街的小卖部。老板见到一只熊大惊失色，急忙问："你要干什么？"帕丁顿大声说："我要去找一位标本专家。"老板看了看地址，指出了大概方向。小熊随着老板指的方向跑去。当红灯亮时，所有人都停止了前进的脚步，小熊却大胆地往前走，使交通变得一片混乱。当它来到商场时，左顾右盼了一会儿，拿了果酱来吃，又拿水来喝，肚子吃饱了，它却一分钱也没给就离开了。到了晚上，帕丁顿还没找到标本专家，它坐在街上失声痛哭，哭声在街上回荡，使居民整夜睡不着。庆幸的是，在好心人的帮助下，它在第二天找到了那位专家。专家带着帕丁顿来到街上，对它说："过马路走斑马线，红灯停，绿灯行。"又带它去商场买东西，还说："买任何东西都要给钱！知道吗？"回到家里，专家又耐心地对它讲："天黑了就不能大声说话了，这样会扰民的！"小熊点了点头，似乎明白了一切！

● **家长感言：**

　　国有国法，家有家规。法律面前人人平等是社会主义核心价值观平等的最高体现。树立法治观念普及法治常识，必须从娃娃抓起，从生活中的小事抓起。

● **老师评语：**

　　小作者以"童话"的形式，记叙了一只小熊初到城市的生活。寓教于故事，告诉我们要遵守交通规则，遵守秩序。

熊宝的人民币画

◎ 邛崃市北街小学　孟之彦
◎ 指导老师　王　芹

　　熊宝是只酷爱画画的淘气熊，而且他画的画都十分逼真，就像照片似的。

　　一天，熊宝来到大街上东瞧瞧，西看看。突然，一盒包装精美的水彩笔吸引了他的眼球。不过很快，他又泄下气来——那盒水彩笔要25元！可惜自己只有10元。

　　回到家，他郁闷极了。满脑子都在想要是有钱该多好啊！他在画纸上随意勾勒着，居然画了一张10元的人民币画。别说，还真像！"不如，用复印机把它印出来吧！这样就可以用来买自己心爱的彩笔了。"熊宝想着，忍不住笑了。

　　他真的这样做了，他如愿以偿地用假币买到了水彩笔。自从这次尝到甜头了以后，熊宝经常用假币买东西。可好景不长，最终被猫婶发现了，把他告上了法庭。熊宝受到关一年禁闭的惩罚。

　　离家前，他忏悔道："我再也不作假了，要做一个遵纪守法的好公民！"

● 家长感言：

　　英国拜伦说过："谁把法律当儿戏，谁就必然亡于法律。"公平公正公开的法治社会为我们生存发展提供了有力的安全保障，所以我们要学法知法，不能让熊宝的悲剧在我们的身上重演。人生活在社会，会和形形色色的人、事打交道，期间必定纠缠着各种利益关系，而法律是维护自身利益的最有力的武器，所以我们除了具有丰富的文化知识外，还要掌握一定的法律知识。懂法用法使自身受益。

● 老师评语：

　　孩子的想象力真丰富呀！通过一个浅显易懂的故事告诉人们要做一个遵纪守法的好公民，充满童趣的想象和心理活动描写，为文章增色不少。

小狗仔维权记

◎ 成都市树德小学　冯杨帆
◎ 指导老师　田凤燕

初夏的一天，自由法庭刚刚开完庭，被告人狗先生就被关押进了监狱。

这还要从三个月前说起……

三个月前，狗妈妈产了七粒蝌蚪卵，她看在眼里，喜在心里。可是看到小狗仔们经常哭闹，狗先生很反感。

一天，狗先生趁狗妈妈外出捕猎，便把孩子们带到离家很远的山沟里，扔下他们就逃跑了。小狗仔决心要找到妈妈，他们历尽千辛万苦，逃开了毒蛇的毒牙，避开了人类的追捕，在好心的猫小姐的帮助下，终于见到了妈妈。当了解清楚情况后，狗妈妈带着小狗仔们来到了自由法庭，起诉了狗先生。

自由法庭的大象法官当庭宣判："狗先生对没有独立生活能力的小狗仔们有抚养义务，而狗先生拒不履行抚养义务，情节恶劣，构成遗弃罪。判处狗先生有期徒刑三年。"

弘扬法治精神
构建和谐社会

高新区法治文化园地

● **家长感言：**

　　我希望孩子知法、懂法、守法，必要时用法。生活中，儿童被遗弃的现象并不少见，但儿童还不具备较强的法律意识。作为一名律师，我非常支持孩子通过童话的形式来传播法律知识。

● **老师评语：**

　　本童话不仅生动地描写了小狗仔们被遗弃的前因后果，而且巧妙地阐述了遗弃罪的概念。文章还鼓励孩子遇到困难时要积极面对，必要时要拿起法律武器保护自己，传播了正能量。

圈　套

◎ 天府新区籍田小学　苏　义
◎ 指导教师　宋沁宸

　　动物王国有一位鼎鼎大名的厨师——小狗拉姆。由于他厨艺精湛，门徒万千，成了当地著名的暴发户。

　　一天，他正在网上制作做菜的教学视频，偶然看到一则广告："动物王国进行全民征文活动，第一名可获奖金300万元。"拉姆看后热血沸腾，被诱人的奖金吸引，立即将自己精心创作的《烹饪大全》邮寄至广告地址。

　　广告发布者猫先生正悠闲地修剪指甲，当拉姆的作品寄到时，他的脸上浮现出了诡异的笑容……

　　"恭喜您，拉姆先生，您已经进入总决赛，赶紧缴纳50万元评审费，第一名唾手可得！"猫先生激情四射地在电话里说道。

　　"谢谢！谢谢！"拉姆狂喜不已，赶忙汇出50万美元"评审费"。

　　一个月后，拉姆未收到半点消息，恍然大悟自己被骗了，十分懊悔。热心肠的大象伯伯知道后劝他说："你可以报警呀！"拉姆连忙拨打了报警电话，警察迅速出动，猫先生被捕了，并因网络诈骗获罪，并赔偿拉姆50万元损失。

　　动物王国的法律让猫先生得到了应有的制裁。

● **家长感言：**

　　这则童话故事告诉我们两个法律要点：一是防人之心不可无，心中有防骗意识，骗子就无从下手，所有骗人的伎俩就难以施展；二是害人之心不可有，一定不要有邪念和歪脑筋，逾越道德底线和法律底线总最终会害人害己。

● **老师评语：**

　　小作者以童话的形式叙述了利欲熏心的猫先生用网络骗局侥幸骗取了小狗拉姆50万元，最终受到法律制裁的故事。它告诫人们要努力提高自己的防范意识，坚决不做违背道德和法律底线的事，让法律法规时刻警醒自己。

"光头强" 洞庭湖捕鱼记

◎ 成都市天回小学　刘亦轩

◎ 指导教师　刘　杨

　　光头强和熊大、熊二斗智斗勇屡次失败后，被辞退了。

　　他只得挥泪告别了自己的小木屋，挎上自己的小包裹，离开了自己
战斗多年的地方。

　　到底何去何从呢？光头强来到长途车站，一番犹豫后，他来到了洞庭湖租了一艘小船在湖上荡起了小舟。

　　湖中鱼儿不时在他身边跃起，光头强眼睛都不够使："这么多的鱼儿，我打捞一点儿去，凭着这'洞庭湖'三个字，也能卖个好价钱。"

　　心动不如行动，光头强三两下翻出自己早就随身携带好的渔网，唱起了歌儿，尽情地捕捞起来。

　　一会儿工夫，已经"鱼满仓"了。他决定赶个夜市，去卖个好价钱。

　　"卖鱼喽！卖鱼喽！"光头强使劲吆喝起来。人们从他面前经过，看到这些肥美的鱼儿都连连摇头。光头强纳闷儿了！

　　正当他发呆时，警察出示了"拘捕令"。光头强连声喊冤枉。警察严肃地说："光头强同志，根据禁渔令，所有单位和个人必须遵守春季禁渔规定，你已经触犯了法律，要对你进行处罚！"

　　光头强终于明白了人们摇头的意思。

● 家长感言：

　　孩子学习了课文里的《钓鱼的启示》就向我们介绍了"禁渔令"，其实好的课文在默默地向孩子渗透着法治教育。希望这样润物无声的教育越多越好！

● 老师评语：

　　孩子能通过我们的教学，感受到规则的重要性。其实在小孩子的眼中，我们可以将"法律"变为一种严格的"规则"，是必须要遵守的，是做人的一种道德标准。孩子由此及彼，用动画片中的人物来演绎，语言生动，情节有趣。

"飞"来横祸

◎ 新津县兴义镇万和中心小学　王怡婷
◎ 指导教师　程治华

终于盼到小白兔白白生日的这一天。小白兔一家早早地起了床，迎着暖暖的春风和明媚的阳光向郊外出发了。

兔爸爸开着他最心爱的红色跑车，载着兔妈妈和兔宝宝奔驰在宽阔的高速公路上。

突然，从前面飞来一个不明物体挡住了兔爸爸的视线。兔爸爸躲闪不及，车辆失去控制，横冲直撞，撞到了另一辆轿车。小白兔一家只觉天旋地转，眼前一黑，随即便没了知觉。

不知过了多久，小白兔醒了，发现自己躺在医院的病床上。兔宝宝问兔妈妈："妈妈，我们不是在去郊外的路上吗？怎么会躺在这儿？"兔妈妈也是一脸的茫然。随即赶来的黑猫警长向小白兔一家解释了这起交通事故，原来是因为前方轿车司机在高速路上扔垃圾的不文明行为引起的。

看似不起眼的小小垃圾，在高速公路上随意扔弃，会挡住司机的视线而造成严重的交通事故。司机不文明的行为给几个家庭带来了巨大的伤害。我们一定要记住"珍惜生命很重要，文明出行要牢记，安全回家笑哈哈"。

● **家长感言：**

　　故事短小有趣，有生活气息，含有警示作用。

● **老师评语：**

　　能够选择生活中具有典型意义的题材，事件的代表性较强，想象奇妙，开阔读者的视野，充满了教育意义。

二十块钱的贿赂

◎ 新津县一小　王奕锦
◎ 指导教师　张莉敏

　　在一个阳光明媚的早晨，动物学校迎来了崭新的一天。小动物们陆续来到教室。

　　首先来到教室的是小兔白白。白白是一个学习成绩好，能力又强的好学生，帮山羊老师管理纪律，发发卷子收收作业，是老师的小助手。同学们几乎来齐了，最后一个来到教室的是小熊笨笨。笨笨是白白的好朋友，可是他们在学习成绩上却有天壤之别。

　　该收作业了，白白一个一个地收，收到笨笨时，笨笨并没有把作业摆在桌子上，而是悄悄地对白白说："白白，今天我没做作业，我给你二十块钱，请你不要跟山羊老师汇报。"说着，便从口袋里掏出了二十块钱，递给白白。

　　白白心想："如果我接了钱，帮笨笨瞒这事，山羊老师知道了，会不会责怪我呢？如果不接，笨笨以后肯定会不理我的，怎么办呢？"想了好一会儿，小兔白白说："笨笨，你这样是不对的。我们要诚实，不能走歪门邪道。如果这次我收了你的钱，帮你隐瞒，以后你会越来越偷懒，我也会变成坏人。"

　　笨笨说："就这一次，下不为例。我们是好朋友，就帮帮我吧！"白白坚定地说："老师教育我们要做诚实守法的好娃娃，电视里那些违法的坏人也是因为小的方面没有做好，以后就变坏了。你是我的好朋友，我不想你以后也变成这样！"笨笨想了很久，说："你是对的，我去向山羊老师认错。"

● 家长感言：

　　法治教育要从娃娃抓起，特别要注重在少年儿童成长发育阶段进行法治观念的宣传和教育，使每个少年儿童都懂得最基本的法律知识，都树立最基本的法治观念和法治意识，让法治信仰从一开始就植根于儿童的心灵深处。

● 老师评语：

　　小小的故事不脱离生活的真实，扎根于生活的联想，让人觉得生动有趣，易于小朋友们理解。

森林里的恶霸

◎ 温江区实验学校　袁裴雅
◎ 指导老师　马庆琳

作为森林王国的一只小狗，我平时看起来挺厉害，但一遇到横行霸道的狗熊，就只能躲得远远的。

一天，我上街买了一部新手机，正走在回家的路上，突然被一阵阵凄惨的救命声惊得停下了脚步。这可不得了！我以百米冲刺的速度飞奔到一棵大树后面躲起来。只见那人人讨厌的狗熊又在欺负小动物了！这次的受害者是瘦弱的小山羊。只见狗熊用力地把小山羊推倒在地，并用迅雷不及掩耳之速度将一只胳膊使劲按在小山羊的脖子上。可怜的小山羊只能挥舞着短小又无力的四条腿拼命挣扎着。狗熊似乎觉得还没有把小山羊教训够，于是狠狠地往小山羊的肚子踹了两脚。

要不要报警呢？这可是狗熊第N次违反了《森林动物法》呀！我犹豫着，如果报警，狗熊肯定会报复我的；要是不报，小山羊准会被他活活打死的！为了动物们的安全，管他三七二十一——报警吧！于是，我掏出刚买来的手机，拨通了110……

"听着，狗熊！你屡次违反《森林动物法》的第二百五十六条法规，这次绝不轻饶！判你有期徒刑五年。"狮子法官一脸严肃地说。

就这样，森林王国的恶霸狗熊受到了法律的处罚。从此，森林王国的动物们又过上了幸福安稳的生活。

● **家长感言：**

　　孩子就像一颗稚嫩的小苗，很容易受到社会不良风气的影响。孩子能通过一篇充满童趣和正能量的童话故事，反映出遵纪守法的重要性，这远比家长繁琐的说教效果好得多。作为家长，我感到很欣慰，也深知法治教育在家庭教育中任重道远。

● **老师评语：**

　　小作者以童话的形式讲述了一个弱势群体拿起法律武器保护自己的故事。作者语句通顺，描写生动具体，故事情节扣人心弦，是一篇难得的佳作。

香蕉都去哪儿了

◎ 成都市西安路小学　曾庆林
◎ 指导教师　张智凭

袋鼠妈妈旅行归来，发现一个月前还硕果累累的香蕉园里，香蕉所剩无几。香蕉都去哪儿了？

狐狸警官排查了所有邻居，采集指纹、验脚印，忙活半天，没有收获。

下午，森林电视台播出紧急通知："袋鼠妈妈的香蕉误洒剧毒农药，已购买香蕉的朋友，请尽快找袋鼠妈妈索要解药。"

第二天，小猴跳跳来了，它焦急地问："袋鼠妈妈，解药在哪里？"

原来，香蕉园以前是跳跳家承包的，香蕉也是他的最爱。今年，袋鼠妈妈承包了香蕉园，还上了锁。跳跳急得抓耳挠腮，在香蕉园外直转悠。后来他认识了经常在这附近转悠的老鼠西西。西西在地上挖了个洞，把跳跳放进香蕉园。跳跳采，西西搬，香蕉就这样不见了。然而，这些香蕉一直像毒蛇一样折磨着他，使他终日惶惶不安。看到通知，他惊慌失措，终于主动承认了错误。

鉴于跳跳年龄还小，认错态度好且跳跳的父母赔偿了所有损失，袋鼠妈妈原谅了跳跳。而西西则被绳之以法，等待他的将是长时间的监禁。

面对狐狸警官，西西仰天长叹："法网恢恢，疏而不漏呀！"

● **家长感言：**

　　学法用法，从娃娃抓起。孩子是花，法律是围墙，只有在围墙里，孩子才能健康成长。当花枝调皮地生长，家长应该及时地引导花枝的方向，不要让花枝越过围墙。这是每个家长应尽的职责，也是家校共育的方向！

● **老师评语：**

　　从孩子的角度去认识法律，既有对未成年人跳跳的保护，又有对触犯法律的西西的严惩。小作者的笔法虽略显稚嫩，但故事结构完整，构思也较为精巧，情节有起有伏，诠释了小作者对法律的理解。

血的教训

◎ 高新区和平学校　严冬阳
◎ 指导教师　王红艳

　　"砰砰——"随着一阵刺耳的撞击声传来，血腥的场面从汪汪的脑海里划过。记忆把坐在轮椅上的汪汪带回到了两年前。

　　在一个美丽富饶的梦幻森林里，住着许多可爱的动物家族。

　　一天，小兔贝贝见小狗汪汪买了一辆价值不菲的乌梅糖车，就对汪汪说："巧了，我前段时间也买了一辆话梅糖车，咱俩比试比试，一决高下如何？""比就比，谁怕谁呀？"汪汪趾高气扬地说。

　　说时迟，那时快，眨眼间，两辆车便迅速地消失在动物们的视线中。两辆车在高速路上你追我赶，风驰电掣地狂飙着，两旁的花草树木瞬间从身旁一闪而过。

　　就在这时，意外发生了，汪汪的乌梅糖车在前，贝贝不服气地在后面追着，他使劲一踩油门，"砰砰——"只见乌梅糖车在空中来了个体转侧身，重重地摔在地上。贝贝和汪汪都身负重伤，几分钟后，救护车和大象警官急忙赶到了现场，对事故现场迅速地做出处理。

　　事故导致汪汪失去了双腿。从此，汪汪坐上了轮椅。

　　血的教训告诉我们生命的可贵。参与交通，必须要做到保证自己和他人的安全！不能违法乱纪！

● **家长感言：**

　　"勿以善小而不为，勿以恶小而为之"。法律是我们未成年人的保护神，我们的孩子从小知法、守法，才能在祖国的蓝天下健康成长！

● **老师评语：**

　　小作者将可爱的童话故事与法治教育相结合，语言精练不失精彩，故事天真又不失教育意义，给读者尤其是小读者们留下了深刻的印象。告诫我们：法治教育，应从小抓起，从自我做起。

不以规矩 不成方圆

子产铸刑书

刑书是国家权力的象征。公元前536年3月（阴历），郑国执政子产将郑国的法律条文铸在象征诸侯权位的金属鼎上，史称"铸刑书"。这是中国历史上第一次公布成文法的活动，有利于法律在全社会范围内得到执行。

初中组

特等奖

璞玉之华

◎ 成都市石室联合中学　高夕雅
◎ 指导教师　岳书溶

　　我是一块玉，色泽澄净。

　　从古至今，世人皆惊叹于我莹润的肌肤、丰腴的体态。我随历史盘虬的网，错落了几个轮回世纪，我或是友人的赠礼，或是献与帝王的珍宝，或是情人的信物……

　　我曾那么骄傲呵——在黑暗中兀自窃笑，洋洋得意于无人能拒绝我的美艳。

　　直到……那日。

　　一双手，在推杯换盏间将我自桌下传递，我恍惚间觉察出了其中丑陋的隐晦深意。我被运送到了一间黑暗的房间，接连不断的锦缎和珠宝像小山一样堆积，我被压在最下面，几近窒息。

　　我耐心地在房中等待，等待着我的新主人将我视若珍宝地捧出，想象着自己可以如以往一样被人们痴狂爱恋的目光紧紧跟随。

　　但我未能如愿。

　　我被藏在黑暗里，从未碰面的主人将我不断送来送去。世事更迭，轮回至今——我竟成了官场中贿赂献媚的工具！觥筹交错间，无数双臃肿的手贪婪地抚过我柔婉的肌肤，真脏啊……我绝望得恍若窒息，那句"无人拒绝我的美艳"竟成永生噩梦。

　　我看够了世态炎凉。任一场又一场钱与权的交易污秽了我的眼，一层又一层无形的淤垢裹挟上我的肌肤，我的灵魂也仿佛深陷泥潭，不复澄净。

又是一日，我再度被送回原来的那个黑暗房间。我不再等待，不再企盼，不再有奢望。

一天，门开了。

刺耳的警笛声，声嘶力竭的哭喊，金属镣铐扣上的"咔嚓"清响，嘈杂的声音震得我心神不宁。

我终于见到了我的主人。

他蜷缩在密不透风的囚房里，以头撞墙，发出困兽似的悲鸣，我被他紧紧攥在手心。

而我只觉得冷，是我吗？是我？我毁了他吗？从他自他人手里接过我，将我又送出的那一刻，他的一只脚，已经踏入万丈深渊。

原来，我不仅可以将人们推上天堂，还能让他们坠入地狱。

黑暗中，透入一抹光，我躺在锦盒里，听到一个男人在说话，声音掩不住的激动："局长，这桩贪污案终于水落石出了，把那些个贪官全判刑了，真是大快人心！"他想起什么般又道："对了，我们在牢狱里发现一枚玉，可能是赃物，色泽可真好看呐……"

"不！"一个声音打断了他，透着毋庸置疑的决绝，"既是赃物，便无甚可多说的了。"他顿了一下，瞥我一眼，带着惊艳却无一丝贪婪："把玉依法归置。"

那一刻，我分明感受到，从他身上绽出的光华，那样美好，仿佛灵魂重新洗涤过一般，仿佛那些扭曲的欲望带给我的灼痕都不复存在，仿佛温润如初。

从他身上绽出的，自这个社会一角越来越多显露出的，那是更甚于我的——璞玉之华。

● 家长感言：

孩子，我非常欣慰地看到你在写作方面的突破。希望再接再厉，百尺竿头更进一步。你有很大的潜力，要充分发挥。你是好样的，我们为你骄傲。你一定会超越我们的期望的。继续努力吧！

● 老师评语：

文贵曲，常喻不凡之意。本文以玉为线索，经不同场合，历不同感受，一波三折，影射特别含义，切合时代主题，唱响时代旋律。其文短，其语简，其意深。好文！

● 评委评语：

玉本洁物，竟沦浊渊，黑手玷污，贪风流转，幸遇反腐风暴，方得重放璞玉之华，且彰显法治之剑。此文属寓言小品之类，构思奇巧，卓有创意。比照之鲜明，亮人眼目；意蕴之深峻，入木三分。且全文架构完整匀称，行文畅达洗练，一气呵成，文采斐然。在本次征文作品中，一帜独树，特色别具。可谓生动传神小寓言，切中反腐维法大主题。

蒲江法治文化广场

法治蒲江
Law-Ruled Pu Jiang
学法/尊法/守法/用法

初中组

一等奖

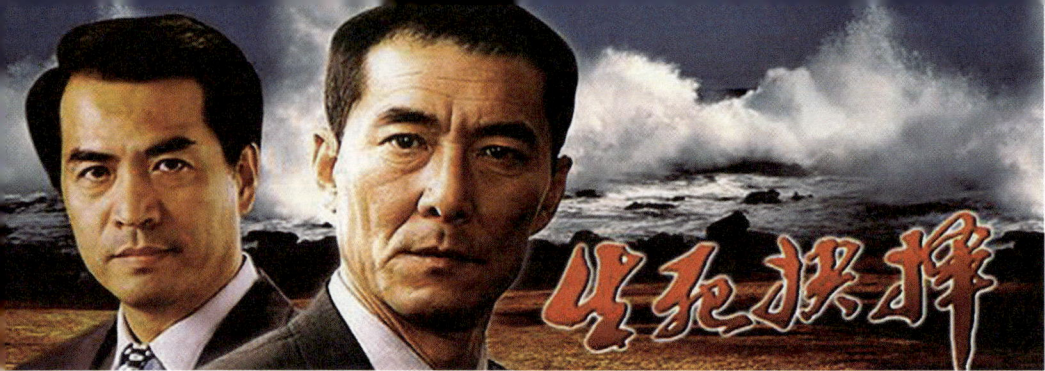

生死抉择：
浓重墨色中的耀眼星辰
——《生死抉择》观后感

◎ 蒲江中学实验学校　杨偲佳
◎ 指导教师　李金霜

犹记那飘然白衣，如同浓重墨色中熠熠生辉的星辰。一双锐利的双眼，透出洞穿所有黑雾的寒光。那个铁血柔情的七尺男儿，远眺着他脚下的城市——他挚爱的故乡。苍穹下，他的名字回荡在夜风中——李高成，一个真正的人民公仆！

一个刚从党校回归的学子，一个初上任的市长，一个一直以来仕途平顺的男子。似乎他经历的坎坷并不多，却有雷打不动的原则和一腔为国为民的热血。面对错综复杂的案情，他毫不退缩；面对人民狂躁的愤怒，他细细安慰；面对奢侈的满桌美食，他狂怒地掀倒在地，拂袖而去！这样的他，成了法律活生生的象征。

然而他没想到，他最痛恨的腐败竟蔓延到了自己的家里！妻子为了家庭，竟然糊涂地接受了三十万的巨额贿款。他陷入纠结、痛苦，一边是党员的职责，一边是自己的家庭。这成了他的生死抉择。

腐败分子陷害他收受贿款，使他不得不对簿公堂。他站在台上，面对所有人质疑的目光，他毫不畏惧，大胆直言，揭穿那些不堪的罪行。最终，他的凛然正气还了自己清白。他说："这是一个共产党员的生死抉择，永不回头的抉择！"

我终于明白：清正廉洁，才是一个真正的好官；清除腐败，严明执法，才是一个国家发展的积淀。而这个过程中，人心的正直守法就是那浓重墨色中的耀眼星辰。

● 家长感言：

事实的真相是经得起时间的推敲和考验的！一切的弄虚作假以及谎言都会被戳穿现形。所以无论在何时何地，做人都需要真诚正直，都需要按照已有的规矩和方式行事，并且遵循国家的法律法规，做一个具有正能量的人！

● 老师评语：

《生死抉择》以贴近生活的矛盾激化，让学生感受到一个共产党人在面对法与理的过程中所表现出的正气。这为学生在将来的生活中如何面对抉择做了一个极有利的指导。让法律和正义的精神融入到了学生的思想观念之中。

● 评委点评：

这篇作品情文并茂，中心突出，在电影众多情节中紧紧抓住了"李高成"这一中心主角，通过对其事迹的描述表现出了一位优秀的中共党员面对腐败时应该有的态度。

整篇文章立意较高，切合时代主题，且不落窠臼，以叙述加抒情的方式直接从正面给读者描述了一位品行高洁的共产党员，这样不仅从正面为读者树立了榜样，更从侧面宣扬了反腐精神；在内容上，该作品行文思路清晰，辞意激昂，扣人心弦，令人读之便能深刻体会到主角极度痛恨贪腐的心理世界；在作品架构上，文章结构完整，详略得当，有血有肉，作者不仅在读者面前展现了一位出淤泥而不染的中共党员形象，更是在结尾时表达了其对国家未来政治清明的无限希冀。作品起承转合一气呵成，可谓一篇佳作。

救命药？ 毒药？

——观《我是植物人》有感

◎ 成都市川化中学　夏明霞
◎ 指导老师　王明君

　　《我是植物人》是一部以药品安全为主题的影片。片中那极端尖锐的社会问题，直戳我心，令人深思。

　　罪恶无情的伪劣麻醉药，把一个年仅7岁的小精灵深深困住。剥夺了她的整个春天，整个人生，破碎了一家的幸福……

　　一剂劣质麻醉药！

　　一个年仅7岁的植物人！

　　罪魁祸首是谁？是那伪劣的药物，还是那利欲熏心让我们成为无辜小白鼠的制造者，还是那昧了良心的钱权交易？

　　那可是药啊！本是救命的宝物，为何变成了夺命的利刀？对待生命如此草率，怎不令人痛心疾首。如果他的亲人因此而沉睡不起，他是否还会贪图那如山的钞票、那所谓的利益？金钱诱人心，可生命更无价呀！再多的金银财宝，能换回一条命吗？

　　然而，更可悲的是：

　　——这样的悲剧还在上演！

　　2006年，"欣弗"药品，违规灭菌，令9人丧命。无独有偶，2012年的"毒胶囊事件"，再次将药品安全问题推上了风口浪尖……

　　药品安全，人命关天！

　　一些不法商家为牟取暴利，置公众的健康与生命于不顾，让药品作假成为行业"潜规则"。这些不法者为何敢在法律面前如此猖狂？难道法律对他们毫无威慑力吗？

究其原因，一是相关部门监管不力，二是法律严惩不够，三是群众法律观念淡薄。

我们每个公民都要拿起法律武器，维护我们的安全和利益，让伪劣药品无处藏身！

● **家长感言：**

金钱不是万能的。做人要讲良心、有底线。对社会上的不良药商，要从重从严处理。要他们对自己所犯的罪，从心里畏惧，不敢再犯。

● **老师评语：**

标题引人深思，直指药品安全问题。文中对植物人女孩境况的描写直戳人心，对制造假药、为假药销售开路的丑恶行为给予了严厉的鞭挞，对依然上演着悲剧的情况痛心疾首。最后提出怎样运用法律武器维护广大人民的合法利益。整篇文章思路清晰，结构完整。文章多用短句，甚至独句成段的形式，使语言表达更有力度。

● **评委点评：**

作者由电影《我是植物人》着笔，却没有写成一般意义上的影评，而是把审视的目光投向了社会，投向了当今中国，抨击了劣质假药对生命的危害。文章充满正义感，但作者并没有简单停留于抨击，而是分析了这种现象背后的社会原因——相关部门监管不力，有关法律严惩不够，群众安全意识与法律观念淡薄，并有针对性地提出了建议。小作者的思考有一定深度，难能可贵。在表达上，作者根据主题与内容的需要夹叙夹议——叙事时触目惊心，令人震撼；议论时层层递进，发人深省。也许是激情行文，个别语句还不够准确。

法治与生命同价
——观《可可西里》有感

◎ 成都市大弯至佳实验学校　许迎盈
◎ 指导教师　李建兵

　　那是白雪茫茫中的追逐，那是漫漫黄沙中的挣扎，那是崇山峻岭中的坚守。

　　可可西里，一片美丽而寂寥的土地，在宽广辽阔的背景里却充满着无尽的杀戮；在繁星点点的照耀下却弥漫着凄冷的血腥。那一声声枪响就是一条条鲜活的生命的葬礼，原本自由自在的野生动物被无情的犯罪分子猖狂地猎杀着。

　　试问：法律何在？

　　于是，勇敢的一群人出现了。他们坚决维护法律权威，要让法治的光芒普照每一个生命，哪怕献出自己宝贵的生命也在所不惜！

　　一次次地追剿，一次次地失败，一次次地坚持。

　　他们的生命如同烟花般绚丽，却也如同流星般转瞬即逝。他们的生命是美丽的！

　　白雪纷飞，黄沙卷地，冰河纵横。

　　这群勇敢正义的人就在这样的环境中坚定地维护着法治。尽管他们随时都有可能丧生于犯罪分子冰冷的枪下，但他们不惧死亡。

　　因为，他们为了保护藏羚羊，为了维护法治！

　　可可西里上那些冷漠的人啊！别用你那肮脏的手污染了这片圣地，别用你那罪恶的行为破坏这里的法治。

因为，这里的法治与生命同价！

可喜的是，现在的可可西里建立了自然保护区，这里真正成了野生动物的天堂，成了各地游人向往的神秘之地。

● **家长感言：**

　　法治维系着社会生活的安宁和稳定，也保障着每个人的实际权利。所以，作为社会的公民，我们应该自觉遵纪守法，共同营造和谐美好的生活。爱护野生动物，也是守法护法的表现。人类应该与动物和谐相处。

● **老师评语：**

　　为了经济利益不择手段的盗猎者是可恨的，不惜生命誓死捍卫法律权威的野生动物卫士是可敬的。在利与法的殊死搏斗中，我们看到了灵魂的肮脏与伟大。作者用饱含深情的笔鞭挞了罪恶，颂扬了正义，传达了正能量。

● **评委点评：**

　　人们常说："地球是一个美丽的家园。"但这个家园不仅仅属于我们人类，也属于所有生命，包括可可西里的藏羚羊。保护大自然，保护野生动物，就是保护我们自己。但作者认为，这种保护不能仅仅靠道德，而更应该也必须靠法律。作者热情歌颂了用生命保卫藏羚羊更保卫法律的勇士们，也告诉我们，触犯法律的罪犯往往需要付出生命的代价，捍卫法律的英雄有时也要献出青春的热血。前者罪有应得，令人唾弃；后者崇高伟大，浩气长存。语言铿锵，爱憎分明。行文走笔激情澎湃，字里行间正气凛然。

世界如此美妙，你却如此暴躁

——观变道女司机被打视频有感

◎ 成都市棕北中学　帅秋荻
◎ 指导老师　戴瑞雪

　　大家一定还对5月初那个女司机驾驶车辆在三环路上随意变道而引发的一系列事件记忆犹新。其实我跟许多人的想法雷同，刚开始觉得那个男人太狠了，这样打女司机，可回过来仔细思考，觉得女司机这样的行为可能引发的后果简直不敢想象，如此的野蛮变道，会带来什么样的严重后果？

　　"没有规矩，不成方圆"，心中没有法律意识，为此会付出沉痛代价。在法律面前我行我素，最终会受到法律的制裁。女司机感觉自己任意变道是件很正常的事，男司机觉得你任意变道，我要"修理"你。当在道路上你追我赶的时候，完全不顾及周围人的安全，当我听见男司机车上还有一个小孩子和女的声音的时候，我完全惊呆了。人在气愤至极时会做出不理智的举动，行为也就没有了约束。

　　女司机不懂法不守法任意变道，男司机追上后拳打脚踢的背后，我们看见了人和人之间的负面，同时也暴露出个人的素质，暴露出人们法律意识的淡薄，暴露出人们在法律面前的态度。让我们看见了法律不够深入人心，头脑里没有法律这根弦。世界如此美妙，你却如此暴躁。

　　看完这段视频，我真诚地希望人人都能懂法守法，头脑里随时都绷紧法律的这根弦，作为一名中学生，我们从现在起，一定要不断地学习法律，加强法律意识，法律面前，人人平等。让我们一起携手走向那幸福而又美好的明天！

● 家长感言：

一段视频，反映出一种社会现象；通过这一社会现象，反映出人的本性。从女司机被打一事也说明，当违法行为发生的时候，我们不能同样用违法的行为去终止违法行为。文明行车，从我做起，遵纪守法，从我做起。

● 老师评语：

前些天很火爆的一则新闻，是成都一名女司机在两次别车后遭男司机当街暴打的事。随着车载录像的公布，舆论也经历了反转和分裂，两派观点争执不休。其实在我看来，这件事是一次极好的公民教育素材，可以让我们反思一些主题，例如尊重事实、尊重规则、尊重他人、尊重自己。

● 评委点评：

首先，整篇作品以最新的热点为切入口，主要强调法律意识和公民守法的重要性，立意较高；其次，作者以"世界如此美妙，你却如此暴躁"为题，题目新颖，让人耳目一新，再结合后文更显耐人寻味；第三，文章行文叙述详尽，条理井然，结构较为完整；第四，内容上，该作品借用热点来反思当今社会存在法律意识淡薄的问题，题材新且热，非常吸引读者眼球，且后文能不偏不倚地站在较为中立的角度从双方法律意识上着手寻找发生"随意变道"和"打人"事件的原因，足以证明作者对此进行了认真的思考和论证。

从作者本身来看，其能从法律视角看热点，体现了其较高的法律敏感度。最后作者以倡导中学生学习法律，提升法律意识为结尾，不仅对整篇文章进行了升华，更表现了作者清醒的法律认知和良好的法律素养。

法内有规，法外无情

◎ 成都市石室中学初中学校　李珂欣
◎ 指导老师　王建敏

"勿以恶小而为之"，能制止小恶前进的，正是法。

法律就像一个鱼缸，我们就像鱼缸里的鱼，有了鱼缸的束缚，才不会在缸外自取灭亡。

《今日说法》节目上有个案例。一个高中生，想脱离父母的管束到外面去闯荡，但又身无分文。于是他约初中时好友合谋绑架学生A，为了仅仅一万元残忍杀害A后用汽油毁尸灭迹。当然，这两个不到18周岁的犯罪少年逃不过法律的制裁，他们的青春会在监狱的高墙里度过，他们的青春脱离了阳光的轨道。

《中华人民共和国未成年人保护法》对未满18周岁的青少年进行保护，于是就出现了年少轻狂的少年拿着法律赋予的免死金牌，用来弥补自己冲动的罪过，而社会不良风气又侵蚀着中学生的身心健康。中学生只有加强对法律的正确认识，才能抵挡它们的进攻。

然而，又有多少中学生在知法之后还让悲剧上演？我们应持着法律的金牌告诉每一个欲要侵害自己权利的人，我们知法、守法，并且会用法。法律是守法者的通行证，是违法者的死亡书。

中学生只有知法，学法，用法，才不会让美好而年轻的梦夭折。

法律是我国文明的体现，我们只有知法、守法、用法，敬法，才能让法治傲然挺立于中华文明的历史长河中。

● 家长感言：

我觉得现在80％的青少年犯罪与家庭教育密切相关，家长应高度重视孩子的心理健康。做人是第一位的。家长是子女第一任教师，并肩负着教育的重任。多给孩子一点关怀，多一点宽容，多一点心灵上的沟通，不要让正徘徊十字路口的孩子，偏离了正常轨道。

● 老师评语：

本文将"法内有规，法外无情"的道理讲得极好。生动流畅、述说法治的重要性，联系自己观看的法治节目和现实社会现象呼吁知法、懂法、守法、用法。

● 评委点评：

此文标题即题眼，寥寥八字，含意尽在其中。文章引申有据，逻辑严密，举例恰当，论述得当。法内法外，如何正确看待，辨析清楚。较好地结合了当代青少年自身特点，联系当今社会实际，针对性强，能给人以启迪。

初中组

二等奖

法律之上

◎ 新都区东湖初级中学　邱艳玲
◎ 指导教师　曹　静

　　古人云：法者，所以兴功惧暴也；律者，所以定分止争也；令者，所以令人知事也。无可否认，法律体现着人民的意志，统治和管理着国家。

　　但是，如此严谨的法律是否是绝对的正义、绝对的公正呢？有了严明的法律，人民是不是就可以按照条条款款审判任何案件呢？法律之上，还存在着什么？当我观看了《十二怒汉》这部法庭影片后，我完全明白了。

　　被选作陪审团员的十二个不同职业、不同背景的男人在为一件十八岁少年弑父案作最后裁定。商店老板证明少年买过一把与凶器一样的弹簧刀，住在对面的女邻居称自己在案发时看到少年行凶，住在楼下的老伯说在听到少年行凶后开门看到少年下楼，而少年称自己当时在看电影却说不上电影的名字和主演是谁。铁证如山，几乎所有的陪审员都不愿意再花费时间，所以在开始投票表决时十一个人判定嫌疑人有罪，只有八号陪审员一人认为案件还有疑点，以一对十一投出了唯一一张反对票。

　　陪审团需要在全票通过的情况下才能作出裁定，成为众矢之的的八号并没有因此退缩，而是提出了自己的质疑，大家继续讨论。警方找到的凶器是一把别致的弹簧刀，大家也都认为那把刀是独一无二的，但是八号陪审员很快拿出了在路边买的一把一模一样的刀。陪审员们开始对证据进行深入分析，发现那些证词其实经不起推敲。高度近视的女邻居可以在远处看清罪犯的容貌？跛脚的老伯可以在十几秒走出门，并在列车经过时听到案发时的争吵？投票的结果也从一开始的一对十一，到二对十，到最后的十二对零，所有人都认为证据不足，少年被无罪释放。

《十二怒汉》这部20世纪50年代的老电影，为大家展现了一个耐人寻味的感人故事。

无罪推定，疑罪从无，宁可错放，不可枉杀。正是因为八号陪审员坚持着这样的信念，一个年轻的生命得以延续。这个制度显然不够完善，但它是出于原则的坚持，对生命的尊重。

法律之内，应有天理人情在；法律之上，都有绝对正确的人道主义。

法律高于一切，善良与自由高于法律。

● **家长感言：**

法律为管理人民而存在，同时也为服务人民而存在。法律是死的，而人是活的。比严明的法纪更加高尚的，是宽容的心。法律也要尊重事实。

● **老师评语：**

这篇文章立意较新，较高。新在观点，高在观点："法律之内，应有天理人情在；法律之上，都有绝对正确的人道主义。"文章叙述事件清楚具体，议论准确到位，读后给人留下深刻的印象。

我们的明天
——观《法治教育》有感

◎ 都江堰市天马学校　陈　然
◎ 指导老师　刘志锐

　　有这样一个很喜欢交朋友的女孩，在她眼里只要仗义的人就算她的朋友，所以她的防范意识极弱。偶然的一次机会她认识了一个有不良恶习的所谓朋友，在这个朋友的带领下女孩第一次进了酒吧，那天傍晚她第一次没有归家。接下来的事情更荒谬，在朋友的邀请下，她跟着朋友去抢劫了。后果可想而知。面对法律的威严，她的朋友却将所有的责任推给了她。直到这时她才真正觉悟，但悔之晚矣，等待她的将是法律的制裁。

　　这是一个离我们生活很近的故事。故事中的女孩因为不知法而最终走上了犯法的道路，这就给处于花季中的我们敲响了警钟。当今社会，许多青少年沉迷于网络游戏的虚幻世界，自身又缺乏防范意识，所以难免会结识一些行为不良的朋友。在人为的唆使或者利益的驱使下，做出一些违反法律的行为。

　　他们的人生就因此毁于他们的无知。

　　作为青少年的我们，是祖国的未来与希望。因此我们必须认真学习《中学生守则》，遵守校纪，遵守法律，严以律己，争当自强、自尊、自爱、自重的新时代青少年，担负起祖国发展的重任。

　　我们的明天将充满阳光，而法律将为我们的茁壮成长保驾护航。我

们要做时代的宠儿，拿起法律的武器，不能让无知蒙蔽了我们的双眼，断折了我们的翅膀。

我想真心地告诫所有人：千万不要做违法的事！

● 家长感言：

望女成凤是我们的心愿，而社会环境的好坏关系着孩子是否健康地成长。所以在孩子很小的时候我们就带她去听法律讲座，陪她观看法治类的节目，就是希望她能够多学习一些法律知识，能做一个知法、懂法、守法的好学生。

● 老师评语：

知法懂法守法是公民的责任和义务。作者由故事引出自己对法律的认知和感受，还写出了青少年知法懂法守法的重要性。囿于孩子人生阅历，文章或许缺乏深度，但是我们能够通过她的作文明白法治的意义，仅此一点，足矣。

法律与我同行

◎ 都江堰市七一聚源中学　骆寒雨
◎ 指导教师　李　勤

　　法律，它大公无私、公平公正，它无时无刻不在扮演着人们的守护使者，无言地保护着大家。

　　作为当今的中学生，我们是幸运的。因为在我们成长的道路上，国家有300多部法律在保护我们，那么，我们该如何与法律同行？我们应该从小知法守法。俗话说"小偷针，大偷金"。有这样一个案例：一个17岁的少年入室抢劫，房主是位老太太，当少年被老太太发现，觉得自己败露时，便持刀杀害了老人。当他被抓后，警察问他为何抢劫，他的回答出人意料——他只是想找点钱去网吧而已。他话刚一说完，在场的人都震惊了！一个少年，正是该努力学习的时候，却为了上网而夺走了一个年近八旬的老人的生命。熟知少年的人都说他小时候就习惯偷东西，没想到长大更"不得了"。但人们在责备他的同时，也感到痛心。

　　还有一件发生在我身边的事，在某职高，两男生因吵架，其中一方拿刀刺伤另一方，而被刺的徐某因抢救无效死亡。他们这些行为都是遇事不冷静、冲动，导致了违法。他们这些行为所造成的后果，都是没有远大理想，贪玩好耍、自私自利造成的。不计后果的冲动，往往是心中没有了法律，所以我们中学生应该随时牢记法律于心中。做一个知法、懂法、守法的好学生。让法与我们同行！

● 家长感言：

　　孩子从犯罪的事例娓娓道来，表现了对法律的崇高敬意，并能从法律联系到人性，我觉得这是很了不起的一种观点，古语说"无欲则刚"，愿现在的孩子们能在这个物质和欲望充斥的世界里找到心中最纯真的那一面，让道德超越法律，让我们的明天更美好。

● 老师评语：

　　本文以一名初中生的角度列举了犯罪的事例，并表达了自己的思考：犯罪，会给人们带来什么？还从人心最初的欲望和私心的高度进行分析，实属不易。文章倡导每位中学生都应该做一个知法、懂法、守法的好学生，是有感而发的。

亲情与法治之间的选择

◎ 双流县黄龙溪学校　温爱文
◎ 指导教师　邱胜君

　　兄弟之间的情意，比金钱更重要。但是，无论如何，也不能违背道德、触碰法律。

　　我观看了法治微电影《一天一天》，这部微电影讲述的是一个普通的农村家庭，单身母亲辛辛苦苦地养育着两个孩子，因为经济原因，哥哥放弃了读书的机会，每天挣钱让弟弟去读书。有一次弟弟回家拿学费，哥哥的工资被老板拖欠。就在他们陷入困境的时候，哥哥在回家的路上碰见一个小偷偷了一个女人的钱包，他费尽功夫抢回了钱包。原本哥哥打算把钱包还给女失主，四处询问却不见女失主的踪影，于是他把钱给了弟弟。弟弟拿着学费刚走了几天，警察就找上了门。问清楚了情况才知道他不是小偷，警察抓住了真正的小偷后，小偷说明了真相。哥哥把钱还给了女失主，女失主了解了他们的情况后，没有再追究。

　　从这个故事中可以看出哥哥十分疼爱弟弟。但是，选择亲情，是否就意味着可以不顾一切，甚至无视道德和法律呢？当亲情与法治产生碰撞的时候，我们需要理智选择。

　　当抵御寒冷迎接挑战的时候，弟弟有哥哥的保护。兄弟在漫漫的人生路上彼此相扶、相承、相佐。但是，我想，不论在什么样的时刻，任何人都不能为了亲情而违背道德、触碰法律，我们要依靠的，是自己的双手与努力，为亲情撑起一片浓荫，涂画一片蓝天！

● **家长感言：**

　　兄弟的情分是可贵的，我们要教育孩子珍惜亲情，学会呵护亲情。但是，坚守亲情的同时也要让孩子记住：法律是底线。

● **老师评语：**

　　同学朋友、兄弟姐妹之间的情感十分美好，学生在人际交往的过程中也会有深刻的感受。亲情和友谊是人生的甘露，但绝不可因为情感而迷失方向、误入歧途。

法在我们身边

◎ 都江堰市玉堂中学　李佼彦
◎ 指导老师　王　筱

　　"法"在我们身边。当合法权益受到侵害时，我们会用法律来保护自己。如果触犯了法律，就会受到法律的惩罚。法律的作用在于惩恶扬善。

　　我曾经看过一篇报道：在纽约，作者和两位德国朋友合租了一间房子。一天，房东的小儿子吉米病了，开始请了医生。后来吉米病情加重，生命垂危，房东又去请医生，可医生因为房东没有付清第一次的诊费而拒绝了。朋友凯特是儿科医生，但是他还没有获得美国的医生执照，按照法律规定，他还不能给人看病。如果现在凯特给孩子看病，他就会因触犯美国的法律而受到惩罚；如果不给孩子看病，孩子的生命就将消逝。在痛楚中凯特最后作了决定，他为吉米的小生命奋战了十天十夜，就在小吉米可以下床的那天，他被捕了。大伙都没有去上班，赶往纽约市立法院，他们高呼凯特无罪。法官面带微笑地站起来，举起法槌敲向桌面，"凯特先生，你违反了法律，"法官说，"但是，为了遵循另一个更高的法律——医生的良知，我判你无罪。"

　　读了这则报道，我明白了"法律就在我们身边；在法律面前人人平等；法律的作用不仅在惩恶、更在扬善"。如果人人都学法、懂法、守法、用法，我们的社会就会是一个和谐而向上的社会。

● **家长感言：**

通过这篇征文，孩子改变了以往对法律的看法：在法律面前人人平等；法律的作用不仅在惩恶、更在扬善。我希望我的孩子在遇到这种情况的时候，能保持人类的良知，学会人世间的真善美。

● **老师评语：**

通过这篇文章，学生对法律有了新的认识，改变了以前认为法律就是不近人情、冰冷似铁的看法，它还融入了人类的良知。希望学生不仅遵守法律，也要懂得变通，这样社会良知与法律才能更好地演绎人间的真善美。

你是否还记得……
——观《可可西里》有感

◎ 成都市第四十中学　付斯琦
◎ 指导老师　唐凤萍

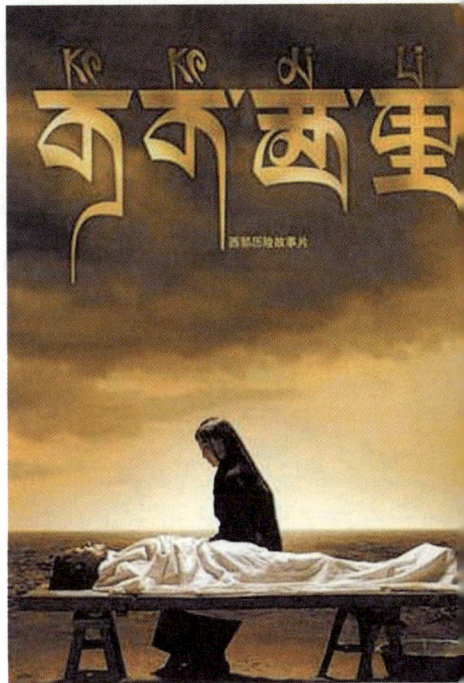

你是否还记得，一望无际的荒原上驰骋的身影和那响彻云霄的阵阵枪声，在神秘的可可西里上演着一场追逐的游戏，猎人毫不留情地扒掉了你的衣服，让你赤裸裸地呈现在他们面前。藏羚羊，你眸中的不甘与恨深深地刺痛了我的心。无知愚昧的人，你们今天把刀架在那脆弱却渴望生命的灵魂上，终有一天它也会血淋淋地刺向你黑色的心灵。

你是否还记得，影片中的一些人只是为了生存——环境的恶化使牲畜不能存活，为了5元钱一张的剥皮费，甘当盗猎者的帮凶。可是，这不能成为我们剥夺其他生灵生命的理由。理由一多，贪婪也就逐步蔓延人心。

　　你是否还记得，总有一些人为了自己的信仰与梦想，不顾一切。在电影中，队长日泰冒着被惩罚的危险，把藏羚羊的皮毛拿去卖了来维持兄弟们的生活；即使承受着与亲人分离的痛苦，陷进无尽的流沙也要为了自己的信仰而坚持；即使巡山队员最后功未成，身先死，但他们的英灵永恒地矗立在可可西里的大地上。这一切都使我潸然泪下。

　　你是否还记得，黑暗终将过去。我依然记得电影的结局：我国政府在一年后正式成立了可可西里自然保护区，禁止捕杀国家一级保护动物藏羚羊，并确立了有关刑法。这就是法律，它是人类手中最锋利的剑。我们要让它屹立在海拔4700米的可可西里，永远守卫着人类和一切生灵共同的美好家园，让坏人望而却步，令那无数的生灵及热爱自然的伟大平凡的英魂得到告慰。

● **家长感言：**

　　孩子的影评有一个很好的视角：先行者的悲壮付出唤起了社会、民众的重视，换来了可可西里自然保护区的建立，换来了禁止捕杀国家一级保护物藏羚羊这一法规。法律是保护藏羚羊的最后一道防线，也是整个社会秩序的最后一道防线。有法可依，有法必依，社会才有更多的公平正义。

● **老师评语：**

　　这篇影评以"你是否还记得"贯穿全篇，结构紧凑，行文流畅、自然。"你是否还记得"，又带着读者回味影片中的一些细节，并将小作者的感悟融入其间，引发读者的思考和共鸣。与此同时，文章层层依托，有力地凸显了法律的价值、法治的力量。这，不仅是一个孩子的期待，更是当今社会的共识。

腐朽 · 新生
——观《不争气的儿子》有感

◎ 双流县黄龙溪学校　付乡月

◎ 指导教师　付俊兰

　　"我错了，我真的错了……"

　　监狱里，冰冷的铁栅栏内他泪如雨下，栅栏外民警摇头默叹……

　　他，便是主人公，那个不争气的儿子——董云。

　　电影虽结束，我却难平静。

　　我憎恨毒品！就是这个能让人精神错乱，让人骨瘦如柴，让人深陷迷途的生命杀手，就是它毁了无数个董云的前程，毁了无数个董云的青春，毁了无数个董云的幸福家庭。毒品之罪，可谓罄竹难书！

　　然而，毒品之毒，众所周知，可为什么仍然有那么多董云走上这不归路而迷途难返呢？这实在是令人叹惋哪！

　　看看董云如何一步步陷入深渊的吧：他交友不慎，沾上毒品，之后意志薄弱，一错再错；而家人呢，竟未及时阻止，反而一味纵容，加上社会环境太复杂，处处存在诱惑和陷阱，于是小小的董云在巨大的毒流中岂能自主？

　　所以，必须从董云悲剧中吸取教训：谨慎交友、磨炼意志、监督他人、学法守法。

　　当然，若你不小心沾上了毒品，那么也别绝望，趁一切还来得及，就让家人、挚友或戒毒所和你一起共渡难关吧！

我相信，生命原本就该在阳光下，在微风中，健健康康，自由自在。我更相信经教育改造后的董云会脱离腐朽，获得新生。

那时，阳光清澈明亮，一定会照亮他灿烂的笑……

● **家长感言：**

本文道出了"珍爱生命，远离毒品"的至理。让人感动的不仅是孩子对于董云悲剧的冷静思考和深刻认识，更重要的是孩子对美好生活拥有的坚定信念。

生命就该是这样的：在阳光下，在微风中，健健康康，自由自在……

愿所有的孩子都沐浴着法治教育的阳光健康成长！

● **老师评语：**

此文首先对所观影片作了简述，然后重在分析造成董云走上不归路的原因，并针对原因提出有效解决方法。文章表述准确，语言流畅，思路清晰。行文较流畅，发人深省。

法律为我们撑起碧空蓝天

——观《青少年犯罪警示录·别让恶习染青春》有感

◎ 新津县顺江学校　陈　丹
◎ 指导教师　汤　燕

　　青春是一张纸，我们是一支笔，浪漫的笔尖在纸上尽情挥洒，书写灿烂美丽的人生。殊不知，人生道路上早已布下了一个个"钓鱼饵""捕兽夹"，一不小心就会身陷险境。

　　今天我们观看了《青少年犯罪警示录·别让恶习染青春》。看完录像片，我的心情十分沉重。"一失足成千古恨。"片中明明是一个初中二年级学生，书包里却经常带着刀具，因为他觉得好玩，而且还可以防身。有一次因为和同学发生了争执，脑子一热，他拿出刀子就捅，结果造成他人死亡，被判有期徒刑10年，进了少管所。明明十分后悔，却只能在高墙大院里想象同龄人的幸福生活。故事发人深省，明明正花一般的年龄，却早早地枯萎了。

　　大量事实证明，不良行为习惯正是走向违法犯罪的开始。我们要从日常生活做起，堂堂正正地走好每一步，坚决摒弃不良行为，对违法犯罪说"不"。

让法律像丰碑一样屹立在我们心中，指引我们前进的方向。因为法律，我们懂得了生命的芬芳；因为法律，我们秀出了青春的风采。我们的未来，法律来为我们保驾护航。我们在法律的碧空蓝天下，意气风发地续写我们的青春传奇。

● **家长感言：**

应当及早对青少年进行法治教育，避免青少年犯罪倾向，这对孩子们来说百利而无一害。我们应该对孩子们加强法治教育、品德教育，让他们学会做人！做一个好人！做一个对社会有用的人！

● **老师评语：**

文章的思路很清晰，感悟特别深刻。相信在法律的护航下，你将成长为一个优秀的栋梁。

观《金牌调解》有感

◎ 彭州市隆丰镇初级中学　牟晓蝶
◎ 指导老师　唐书华

　　《金牌调解》节目让我了解到了孩子在家庭矛盾中长大，对她一生的影响是多么糟糕。

　　这期故事中的女孩的父母结婚13年，父亲经济地位比较高，母亲蛮横不讲理。一次小事件让父亲打破一贯的忍受，终于爆发了，母亲也动了手，场面十分激烈。父亲转身进入厨房拿出尖刀，威胁母亲道歉。而母亲不停地争执，拒不顺从。争执中，父亲的刀刺中母亲，母亲捂着肚子一脸痛苦地倒在了血泊之中。这一幕恰好被放学回家的女儿看见了，她哇哇大哭起来。后来，父亲受到了法律严厉的制裁。

　　女儿开始了缺少父爱母爱的生活，一直跟着奶奶相依为命。加之心理上留下的阴影、同学的耻笑，她变成了另一个人：酗酒、抽烟、打架斗殴、泡吧，整天和社会闲杂人员在一起。她在酒吧和人打斗，构成故意伤害罪，成了一名劳改犯。多年之后，她和父亲出狱相见，却始终化解不了多年的心结，最终走上了《金牌调解》。

　　父母也是孩子最早的启蒙老师，往往父母给子女的伤害却是极大的。作为父母，在家庭生活中应该使用文明的语言，要善于巧妙而有效化解家庭成员之间的矛盾，避免彼此间的污言秽语或者撕扯烂打行为伤害孩子幼小心灵，要知道，活在家庭矛盾中的孩子是不会幸福的。

● **家长感言：**

　　这件事是让人非常痛心的，父母把孩子带到世上，就应该给孩子一个和睦、温暖的家，不应该让她生活在家庭矛盾之中。一家人相互要有爱，遇事多沟通，心平气和地解决存在的问题。

● **老师评语：**

　　本文语言通俗易懂，文章结构合理，主题鲜明。作者深入思考了家庭环境及家庭成员间的关系对孩子成长的影响，所表达的家庭不利因素对青少年犯罪有直接影响的观点令人深思。

知法、懂法，法育人生

——观《肖申克的救赎》有感

◎ 蒲江中学实验学校　杜一凡

◎ 指导教师　温小丽

　　年轻的银行家安迪，被冤枉杀死了自己的妻子，进入肖申克监狱，要在这儿生活一辈子——即无期徒刑。然而他并不甘心，历经种种困难，从而成功越狱。整部影片并不复杂，却十分成功。片中涉及的对自由的追求，对法的解释，让人震撼。

刚开始，安迪就被欺负，无奈之下只好在干活时，用其金融知识，解决了狱警的麻烦。但是安迪接触了典狱长后，知道了一些典狱长不应拥有的钱，即犯法的证据，所以多疑的典狱长，不可能让安迪出去。这也导致了汤米惨死——一个知道安迪被冤枉的小伙子，只因他扬言要通过法的途径帮助安迪出去，便被狱警残忍射杀。善后很简单，说他是越狱就行了。根据法律，犯人越狱时可以射杀。

我没有想到，那时的法律竟有如此漏洞。安迪显然也没有想到。他只好伪造了一个虚假的身份，后从地道逃生，并利用假身份生活，还告发了典狱长。安迪懂法，知道法的作用，但他更灵活，在典狱长扭曲法律的情况下，他也不墨守成规。

贯穿影片，安迪展现法律才华，典狱长用法杀人，安迪巧妙逃脱。如果缺了任何一次用法，安迪的命运，都会截然不同。

所以我们要学习他，用法律来维护自己的合法权益，要知法、懂法，法育人生。

● **家长感言：**

周末陪孩子观看了电影《肖申克的救赎》很受震撼：主人公安迪被冤枉入狱，他在狱中受尽凌辱，但他没有消沉，一直在抗争，并一直在为他的自由努力，最终用他的机智、勇敢，获取了自由。

● **老师评语：**

在当今社会，只有知法、懂法，才能够让自己的合法权益得到保障。小作者从"安迪展现法律才华""典狱长用法杀人""安迪用法逃脱"三方面，为我们诠释了只有知法、懂法，才能维护自己的合法权益，保证自身利益不受侵害。

法治青白江
Law-Ruled Qing Bai jiang
学法/尊法/守法/用法

初中组

三等奖

青春飞扬·法律护航

——观《今日说法》有感

◎ 青白江区川化中学　刘雨菲
◎ 指导老师　王明君

法律的力量应当跟随着公民，就像影子跟随着身体一样。

——题记

管它雨露风霜云起月落，人的一生只有一次青春。它好似一场梦。梦又好似一壶烈酒，做了满面泪流，不做又难耐忧愁。每个人都希望在人们最恋的青春里力争上游。但一些误入歧途的鱼儿却被名叫"叛逆"的小伙伴引着，葬身在泥沼里。

《今日说法——迷失的青春期》，发人深省。一位14岁少年王某，被素不相识的张某一刀刺中左胸，经抢救无效死亡。缘起于两女子在酒吧偶遇，起了争执，引起群架，酿成大祸。案件共24个嫌疑犯，竟有18个未成年。

一个年轻的生命就在两句口角之后丧失，这是冲动的代价，也是最难以让人接受的惩罚！再想想，这般令人心惊的事情原来离我们如此之近：争执、打架。一切的不管不顾都在挑战法律的底线。随手一刀，可能换来监狱余生。把理智掩埋的"哥们儿义气"，让一切抛在脑后的冲动，都将毁掉我们的美好青春。

人生是踏上了就回不了的路，青春是打开了就合不上的书。青春年

少的我们，必须学法、懂法，让青春飞扬在法律的护航线上，才能迎接那属于我们的精彩未来。

● 家长感言：

人生会面临许多选择。有人因不能明辨是非而选错道路，后悔一生。他们的教训警示我们：不忘父母、老师教导，严格要求自己，并慎重交友；更要从小要学法、懂法，树立法律意识，遵守法纪法规，做社会的好公民。

● 老师评语：

本文运用比喻等修辞手法，避免空洞的说教而显得生动形象；多采用短句表达，给人印象深刻；言辞恳切，令人深思。标题形象醒目，开篇采用题记，文末再次点题。使得行文思路清晰，结构完整。

金钱的罪恶

——观《可可西里》有感

◎ 青白江区大弯至佳实验学校　谢婷婷

◎ 指导教师　李建兵

　　寂静的可可西里正在沉睡，只有刺耳的枪声在咆哮，打扰着这片宁静的西部圣地。

　　当我再次观看影片《可可西里》时，心在呐喊，更在滴血！

　　这是一部讲述被誉为"可可西里的骄傲"的藏羚羊被盗猎者肆意猎杀，而以日泰为首的一队人似盾牌般屹立在可可西里，他们在茫茫戈壁滩上与盗猎分子进行殊死搏斗的感人故事。

　　可可西里，曾是许多濒危动物的天堂！从某一天起，却被一群疯狂的盗猎分子变成了人间地狱！他们为了金钱，对藏羚羊大开杀戒！

　　这个美好圣洁的地方被一只只珍贵的藏羚羊和一位位可敬的守护者的鲜血染红！被盗猎者的无耻贪婪玷污！

　　一切动物都是我们人类的朋友！保护它们我们义不容辞！

　　构建法治社会，共建和谐美丽中国，需要我们每个人牢固树立法治观念，增强法治意识。我们不能为了金钱将法律抛之脑后，也不能见到违法乱纪的行为置之不理。

　　保护野生动物，就是在保护我们的家园，也是在保护我们自己。为了金钱，藐视法律，滥杀野生动物的行为是可耻的，下场也是可悲的。

　　我希望有一天，地球上的每一个角落都没有扰人的枪声，所有的动物都能徜徉山林。

　　我希望每一天，法治之剑高悬头顶，法治之根深扎每一个人的心中！

● 家长感言：

　　和孩子看了这部电影，感触深刻，我认为保护野生动物应从我做起。没有买卖就没有杀害，我们应做到不买皮草，不吃野味。平时还要对孩子加强法治教育，下一代法治意识强了，国家才有希望。

● 老师评语：

　　一部好的影视作品是震撼人心的，它能带给人深深的思考。本文作者对盗猎者的罪恶行径表达了强烈的愤慨，揭露了他们罪恶的金钱观——为了金钱，无视法律，滥杀野生动物。最后呼吁国人，让法治扎根心中，振聋发聩！

观《少年犯》有感

◎ 都江堰市石羊中学　吴林炜
◎ 指导老师　饶建勇

　　空荡荡的街道上，冷风扫着地上的落叶，同时，也扫在我们每一个人的心上，十分凄凉。音乐忧郁而沉闷。街道中间，一个人呆呆地立在那里。

　　这是电影《少年犯》的最后一个场景。看完《少年犯》后，我一下子想到了《变形计》，《少年犯》是虚构的，但《变形计》中可就是真真实实的了。此时，我百感交集，"莫让悔恨伴随青春"，这一句话已深深地刻在我心上。

　　电影里一中队长评价做出玩具的孩子时，说了一句让人深思的话——"同样是一双手！"同样一双手，可以去学习，可以积极向上，也可以助人为乐，但这双手也可能去犯罪，更可能肮脏不堪，这是事物的两面性。只要有正，就一定有邪，关键是如何支配它！双手，是我们用来创造美好生活的依靠，而不是将自己推入黑暗深渊的助力，前途是明是暗，取决于我们的这双手，取决于我们心中的愿望。

　　古人云："千里之堤溃于蚁穴。""勿以恶小而为之，勿以善小而不为。"这些话在时时刻刻提醒我们，就是"防微杜渐"。对于第一次做错的事情，切不可掉以轻心，因为有了第一次就会有第二次、第三次乃至无数次，直至彻底毁了自己……

　　感想再多终会结束，但电影中给予我们的启示是长远的，是深入人心的！我们应时刻谨记，莫让悔恨伴随青春！

● 家长感言：

现在有些孩子为什么会走上违法道路？就是因为不懂法律。"国有国法，家有家规"，一个国家要想强大，就得制定法律、完善法律，人民也应遵纪守法，不能胡作非为。作为中学生更应该知法、懂法、守法！

● 老师评语：

本文语言流畅生动，结构严谨，既结合电影内容，又联系生活实际，议论极具针对性和启发性。无论是在写文章还是做人方面，都会对中学生朋友产生有益的影响。

法律是什么

——听法律讲座有感

◎ 成都市青羊实验中学　贾尚霖
◎ 指导老师　曾学斌　陈铭松

　　看到这个标题，许多人不以为意："法律就是为了维持秩序产生的限制人们行动的条文，还能是什么？"但我要问的，是它的本质。法律，对于一个国家来说，绝不仅仅是一个规则系统。那么，法律到底是什么？

　　对于一个国家，在立国之本的税法、役法之后，就是民法。或者从某种角度来说，民法才是一个国家的根本，因为至少在中国，法律代表的是人民群众的利益（不包括规定最高法律的宪法）。而主讲人李律师向我们介绍的，就是民法。

　　准确地说，李律师是来向我们宣传法律知识、预防未成年人犯罪的。开始，她介绍了一些具体的法律条文，通过这些条文，我们了解到法律公正平等的特点。接下来，我们听了几个犯罪事例的处理结果，还提到一个细节：现在我国执行死刑由原来的枪击心脏变成了"安乐死"，即注射药物。这说明了我国法律正在向人性化趋近，不管罪犯造

成了多大损失，既然死刑是对他的惩罚，那么，至少让他在平静、安定的环境中接受惩罚吧。

对我们，法律会是什么……

● **家长感言：**

　　法律讲座对孩子来说，受益匪浅。希望学校能多给孩子这种知识的普及，使得孩子出入社会知法、懂法、守法，并用法律武器保护自己。

● **老师评语：**

　　学生是国家的未来和希望，他们正处于生理和心理的生长发育阶段，具有极强的可塑性。从小培养小学生法律意识，进行法律素质培养教育，不仅可以预防和减少学生违法犯罪，更重要的是促使他们养成依法为事、遵纪守法的良好习惯，促进他们的健康成长。

观《明天》有感

◎ 双流县黄龙溪学校　程子怡
◎ 指导教师　贺聂

　　人的一生转瞬即逝，我们应该珍爱生命。然而为什么有些人为了获得刹那间的刺激与快乐，而把自己推向绝路呢？

　　今天，我和妈妈一起观看了一部微电影《明天》——关于毒品的，当我一听到"毒品"两字就情不自禁地瞪大眼睛去观看。

　　影片讲述了何一凡与他女友小云的故事。何一凡是一位知识渊博，有着硕士学位的人。当他出国留学归来时，意外地发现女友在吸毒。作为一名硕士，他深知毒品对人体的危害，可是为了让她知道毒瘾是可以戒的，他便愚蠢地和女友一起吸毒。对毒产生依赖的一凡由于金钱不够，便花言巧语地从亲朋好友家骗钱去购买毒品。并且一凡对女朋友也大不如前。最终，小云深知自己愧对一凡，便跳楼而死，以此为解脱。我不经叹息道："早知今日又何必当初呢？你那美好的明天，就因一时的错误而断送一生，值吗？"最终一凡也被带入戒毒所强制戒毒。

　　以前，我并不觉得毒品那么可怕，因为我觉得电视剧上都是夸大其词的，可当我看到这个发生在身边的案例时，不禁打了个寒战，通过影片，我觉得毒品像那无底黑暗的深渊，只要你陷入其中，便无法自拔，毒品是那么的冷血。

　　记得老师给我们说过毒品有很多种，如K粉、冰毒、摇头丸、鸦片……这些毒品一吸便会上瘾，也会对人体造成难以估量的伤害，人体的内脏会不断衰竭直至死亡。对家庭也会有伤害——许多人在染上毒品后，因为没钱购买更多的毒品，便去向父母骗钱，当父母不给，他们便忘恩负义地和亲生父母争吵甚至殴打父母。这些人如何面对含辛茹苦的父母？羊都有跪乳之恩，何况是人呢？当然，父母也有不对的地方，如若没有平日的溺爱，发现孩子误入歧途及时阻止，也不至于酿成大错。对于国家的伤害却更加深远——回首过往，在第一次鸦片战争中，当列强踏上早已被鸦片腐蚀的中国人身上时，无止境的退让和妥协似乎是唯一的解决方式。中国人，从那时开始，被蔑称为"东亚病夫"。鸦片的的确确是其中一个重要的原因。它对国家的危害，给我们留下了深刻的教训，可为什么仍有如此多的人不顾一切地去尝试呢？好奇心，有时像魔鬼一般，用它那双利爪将你推向深渊，心与毒会同流合污。因此，我们应该随时随地克制住对不良事物的好奇心，而不是让它无休止地控制我们。

明天是好的，明天是有无限憧憬的……可是毒品却带走了许多人的明天，让他们陷入无尽的深渊。因此，作为祖国的花朵、祖国的明天，我们应深知自己身上的担子有多重。当我们面对毒品时，我们一定要坚决地说"不"。各位同学，为了祖国的明天，为了我们自己的明天，请记住"远离毒品，珍爱生命"。

● **家长感言：**

毒品有害健康，这是共识。而当他女友吸毒时，应该及时地阻止，多点关心，多点爱，帮助女友早日从毒品中走出来，而不应该做出那种愚蠢的行为，结果害了女友，也害了自己。在这里我想提醒朋友们，远离毒品，珍爱生命。

● **老师评语：**

虚拟的电影与现实生活的结合，让人更有共鸣。毒品的危害不仅仅是个人的坠入深渊，更会使整个民族陷入灭顶之灾。程子怡同学从细微处觉察到毒品的危害，为青少年做了一个好的榜样。

被囚禁的世界

◎ 成都市七中育才学道分校　姚琦峰
◎ 指导教师　潘晓辉

那是庄严而又压抑的一天。一座孤零零的小桥，一条已经腐朽发臭的河流。下车后，我们站立在一扇大铁门前，这里，就是少管所。

高不可攀的石墙，荆棘满布，一座雄伟的大铁门，在阳光的映衬下耀眼闪光，仿佛在告诉我们这是一扇不可穿越的门，门的那边是另一个世界。一架架飞机从头顶掠过，发出特别刺耳的响声，混合着风声，更是搅和人心。

跨进黄线，心里不由自主感到压抑。再往里面走时，一个同我们学校操场一样大的操场，相似的篮球架，更重要的是，同我们一般年龄的少年。可是，与我们相似的年轻脸庞，却在花季犯下了严重的错误，伤害了别人也阻碍了自己的未来。我仿佛看到他们身边总会有一个无声的魔鬼在缠绕着、折磨着他们。一念之差，人生前途就截然不同了。走进宿舍，还发现每张床边都有摄像头。身边有无数的眼睛盯着，失去自由，这难道是你想要的生活吗？

参观完，一踏出门去，一股清新的凉风吹来，压抑而又紧张的心情忽的放松了。依然有不计其数的飞机从我们上方呼啸而过。那些曾经的有志青年，如今的阶下囚，也都曾怀揣过无数的梦想吧。只是有些人或许永远坐不上飞机，永远只能聆听飞机的呼啸声，他们面对的永远是一堵惨灰色的墙……

● **家长感言：**

　　我很欣慰孩子在校在家都受到了良好的法治教育，树立了正确的法治道德观念。作为家长，应该坚持以身作则，积极引导孩子，小到文明言行，大到遵纪守法。注重培养孩子的道德规范、法治意识，才能让其成长为有素养的社会人。

● **老师评语：**

　　法治教育是学校教育的重要内容之一，与其空洞说教，不如让他们实实在在从同龄人身上接受教育效果更好。小姚在亲历少管所后，内心深受震撼，更加明确遵纪守法的重要性，不让自己的人生之路偏离，这正是我们的期待。

倾听法的声音

——观《校园法制小先锋》有感

◎ 武侯区机投中学　罗智铭
◎ 指导教师　李攀崎

　　人生路远，我们需要法律的乐章伴奏，才能在华丽的人生长卷中自由起舞，一生平安。

　　法律是一面可以让人灵魂洁净的明镜。若无法律，社会将成一片狼藉，罪行四处横行，我们平静的生活将不在，更不敢奢谈梦想和明天。若无法律，道德的星空将一片黑暗，"野蛮"堂而皇之成为人的生活方式，呜呼，无法想象！

所幸，法律时刻都在我们身边。

然而，尽管法律的权威再大，还是有人心存侥幸，自以为能逃过法律制裁，酿成一生追悔莫及的过错。青少年犯罪不容小视。正如看到隔岸的玫瑰、诱人的蔷薇，年纪尚浅的我们可能只知欣赏它的美，却不会顾及水有多深、刺有多尖。因此，作为法律庇护下的我们应该勿以恶小而为之，在微小的罪念还未萌发之际，就要用法的声音果断扼杀它！

我们要自省，因为如今的一时贪念，就会是日后煽动我们违法犯罪的罪魁。见不贤而内自省吧，只有用法律筑起我们人生的防线，我们才能避免坠入诱惑的深渊。

设若哪天祖国真的踏上了"路不拾遗""外户不闭"的康庄大道，那必定是《辞海》中熠熠发光的两个字所咏出的庄严歌声——法律。

让我们心怀敬畏，静心倾听法的声音，这是我们一生不可或缺的身心修行。

● **家长感言：**

作为家长，很荣幸孩子能有此次机会去参加这次法治征文比赛。不以获奖为目的，只希望孩子能够在这次活动中获取更多的有关法律的知识。望更多的孩子能参与类似的活动学会知法、懂法、用法。谢谢！

● **老师评语：**

国家的文明程度体现在于法律。中国的法治正在健全之中，文明离我们越来越近，正如罗智铭同学所说的那样，法律时刻都在我们身边。我愿看到更多的孩子有法律的意识，拥有阳光灿烂的人生，我们更愿为之努力。

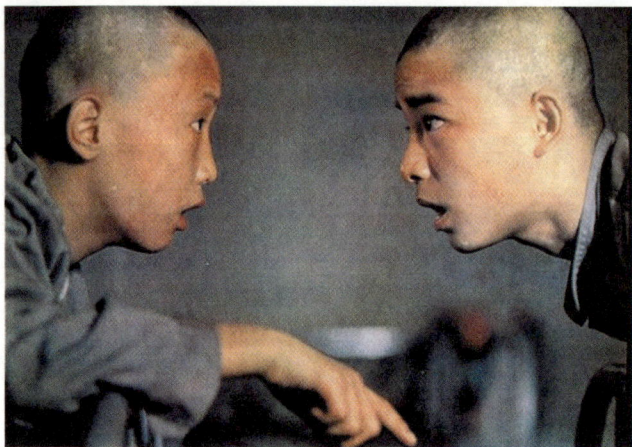

善待生命，尊敬生命

——观《少年犯》有感

◎ 新津县华润初级中学　贺诗楣
◎ 指导教师　唐　玲

　　当时我是寻了极为僻静一处来观看这部电影的。看完后，真的要思忖良久，要一丝不苟地找寻最合适的语言，才能通畅地、最贴切地描述当时的所感所想。

　　曾记有一幕是对少管所大致的描写，镜头不长，却足以教人领略其中的遗憾及惋惜。一群群少年，统一着蓝底竖条纹的狱服，白色的竖形条纹似监狱的铁栏杆，冰冷、沉重，横直在他们胸前，抑制着他们鲜活的呼吸及心跳，牢牢地、狠狠地攫住他们年轻的生命。

　　他们都还很年轻，本应享受大好年华。然，一只凶恶的兽窃据心中。他们拿它没法子，没有他人的帮扶，亦没有自身顽强的毅力，于是他们被这只兽吞噬。

见过他们的目光么？因为生命被抑制，于是有什么悄悄生长，那是一种防备，连呼吸都被他们放得浅浅的，好像怕惊扰到什么，如若要形容，便是与"惊蛰"万物复苏相悖，教人终生难以忘怀。

为什么会这样呢？是什么让原本赤子降生的生灵转变为如其中可怖的面目呢？方刚、肖佛、沈金鸣，仔细探究，不难发现隐隐有条细细的线将他们关联起来。

无知！

从未觉得这个笔画简单的词有如此令人心生悲怆及无奈的力量。因为无知，便可杀人；因为无知，便可行窃；因为无知，便可犯奸淫之事。他们从未认识到这个世界应有的规则，仿佛行走于布满迷雾的山谷中。明明前面凶兽正张开血口，年轻的生命却看不见。

当面对欲望，或不能收敛，或尚未觉察，或满不在乎，那么，后来再怎么有心改过，却无法从头来过。当光阴被蹉跎，当时光被浪费，恍然回头，一生百年尔，半生却荒芜。

我们该好好思索，生命怎样才能找寻出路？或许就在以法为重，以仁为心。

● **家长感言：**

确实这部电影发人深思，极具教育意义。孩子在观看这部电影时能这样感悟，从而也说明了她领悟能力极强。希望她在今后人生路上一路阳光。

● **老师评语：**

写观后感，最重要的是落在"感"字上。作者能抓住电影中令人感动，引人思考的"点"，找到拨动了心弦的地方，然后结合实际来谈谈自己的感想，抒发自己的心得。真正做到"引""议"结合，感受越深，表达才能越真切，文章才能越感人。

归 来

◎ 龙泉驿区第七中学校　李　天
◎ 指导老师　刘国文

　　"你怎么来了？出去！"姑妈站在门口，咬牙切齿，目露凶光。

　　"滚！别让我看见你！"弟弟冲过来，推搡着我。

　　呼！门关了。我沉重转身，泪眼模糊，往事一幕幕重演。

十二年前，我安然享受着金榜题名的那份惬意，但一声"叮咚"带来了父亲意外去世的噩耗和一家人的噩梦。

那天半夜，借酒浇愁后，我独自走在冷冷的街，几个混混前来寻衅挑事。我怒火中烧，顺手操起一家伙就往混混脑袋上轰。

我的命运由此陡转。

蓦然回首间，我从城区走到了海边。十年前母亲未满五十，已看似耄耋，眼里，只有绝望。刚才那骨肉疏离的情形让我心痛如割，潜意识告诉我，母亲应该含恨去世了。

我曾经抱怨法律的不公，喟叹自己的任性。法律，是否真的不公？我心知肚明，只是不愿接受罢了。

晨光熹微，新的一天即将到来。我抬起头，迈开步，去迎接新生的阳光。

天，终于亮了。

● **家长感言：**

生活中，忍一句、息一怒、让一着、退一步，我们的生命将更加美好，"浪子回头金不换"，"浪子"的经历警示我们，要知法、守法，敬畏法律就是敬畏自己。

● **老师评语：**

本篇读后感构思巧妙，立意高远，描写细腻，主题鲜明。通过细腻的语言和心理活动描写，写出了失足青年刑满沉重"归来"的凄苦心境，文章结尾点题，发人深醒，给文章增添了一抹亮色。

让法治之灯照亮青春

◎ 龙泉驿区第一中学校　陈思韵
◎ 指导老师　曹　龙

　　弹指一挥间告别少年时，似懂非懂里进入青春期。冲动、莽撞、叛逆是初中生的特点。歌德说："带来安定的是两种力量——法律和礼貌。"有了法律之灯照亮前行之路，青春才不会偏离航向。

　　调查表明，青少年犯罪已经占到了全国刑事犯罪的70%。触目惊心的数据不禁让人追问：美丽奔放的花季青春怎么会结出如此之多的苦涩罪恶之果？　来看《今日说法》案例：留守少年阿龙离家出走，为饱餐一顿麦当劳，就把10岁的小文勒死后抛尸并勒索其家长600元。当抓住这年仅14岁的绑架杀人案嫌犯时，警察心里有种无法言说的心痛。就用一根绳子，阿龙断送了自己的青春和梦想！身陷囹圄后，他双眼中弥漫着绝望的气息；太阳升起时只能看大雁飞过高高的电网直到变成一个点……

　　对此，我们会作何感想？同情惋惜，亦或是引以为戒？这个案例警示我们：心智还没有成熟的青少年，因为难以抵制各种欲望诱惑，一冲动就容易犯罪。

　　那么，该如何让青少年远离犯罪呢？我觉得首先家长要正身守法作示范，并对孩子进行良好的引导。孩子很多的坏习惯都是父母娇惯出来的。其次学校应多宣传法治，帮助青少年健全法治知识和人格。最后，多读好书并结交良师益友来抵御成长的孤独和诱惑。

　　我相信，只要我们学法守法用法，法治之灯必将照亮我们的青春！

● **家长感言：**

能主动写法治征文，这说明孩子心中有法。学习生活有了规矩，人生航向就不会有大的偏差。当然，也与家里民主教育分不开。我们允许孩子抱怨和监督家长，周末常看保留节目《今日说法》。

● **老师评语：**

这则征文主题明确，文思清晰；举实例分析证明法治指引青少年的重要性；语言也很有文采。案列的典型性还可以斟酌，多发现身边可能引发犯错甚至犯罪的现象来分析，就更有针对性了。不过，对于初二的孩子来说，能用案例说法，已经难能可贵。

弹钢琴的刽子手

◎ 成都市七中万达学校　牟河彦
◎ 指导教师　张鹏羽

　　弹钢琴的人，总让人联想到高雅有礼之人。而刑场上的刽子手，与弹钢琴的人，是八竿子打不到一处去的。

　　但药家鑫就是这样一个矛盾的综合体。

　　2010年10月20日深夜，药家鑫驾车撞人并将伤者刺了八刀致其死亡，后驾车逃逸至郭杜十字路口时又再次撞伤行人，逃逸时被附近群众抓获。2010年10月23日在父母陪同下投案自首。2011年的5月20日被判处死刑并于2011年6月7日执行注射死亡。

　　在举目痛骂他之时，央视记者柴静却走进了他的家庭，并将调查结果与历程写入《看见》一书之中。

　　药家鑫父亲原来在部队当过兵，对儿子极其严格。正因如此，药家鑫一直不敢违抗父亲的命令，越来越没有安全感，才会在夜里开车时带刀防身，才会有后来一系列的悲剧发生。

　　药家鑫用他自己弹钢琴的手，将自己送入了法网之中。

　　这不得不引起我们深思。可能正是因为青少年正处于青春期年龄，生理和心理正在走向成熟但又十分青涩，因为环境的影响，青少年心理起伏比较大、易冲动、自我控制能力较差、做事情欠缺考虑，并且因为人生阅历浅，社会环境却又非常复杂，所以如果没有正确得法的引导，很容易走上歧途，甚至违法犯罪。所以，青少年的心理的健康成长是需要家长和老师关注的，这样，我们才可以健康快乐的成长。

● 家长感言：

此事，我们做家长的应该好好反思，从孩子小的时候抓起，多让孩子学习法律知识，多带孩子看宣传演讲，多听听有关法律的讲座，增强法治意识。我国的法律也有待完善，比如撞死人该如何划分责任、给予处罚。

● 老师评语：

本案典型矛盾集中体的再现，正如学生所讲——弹钢琴的刽子手。今年来，青少年违法犯法日益增多，在感叹惨案的同时，我们应该深刻反思教育究竟出了什么问题，对于个体、家长、学校和社会，这都是长远的任务，且人人有责。

法律伴随着我们成长

——《今日说法》观后感

◎ 邛崃市临邛镇初级中学　付雪柯

◎ 指导教师　徐　庆

　　我曾经在中央电视台法治频道《今日说法》栏目上看到过这样的现象：一些高年级学生向低年级学生强行索要钱财，如果你不给他们，他们就会直接抢，最后出现打架事件；还有些青少年和那些不学无术的社会混混在一起，干些违反校规校纪甚至违反法律法规的事。我觉得他们是没有法律意识从而不重视法律而触犯法律。非常幸运的是我们学校每期都会安排法治副校长给同学们上课。上学期，我校就安排了警察叔叔对我们学生进行了法律知识讲座，让我们更深刻地知道了知法、懂法的意义。简单来说，法律就是告诉人们什么可以做、什么不可以做，哪些行为合法、哪些行为不合法的。这就是法律的基本含义。法律就在我们身边。

我认为，在学校，校规校纪就是最基本的规定，它规范着我们青少年在校的一切行为，对我们具有重大意义。青少年在校能遵守好所有的校规校纪，从身边每一件小事开始规范自己的行为，相信以后踏入社会，接触法律会有一个很好的铺垫。能很好地促使你遵守社会法律，不再是一个"法盲"，将会是一个知法、懂法、守法的好公民。

让我们一起随着社会进步而进步，一起从"法盲"变成一个知法、懂法、守法的好公民，一起遵守法律，一起让法律伴随着我们成长。

● **家长感言：**

常言道："没有规矩不成方圆。"法律就是调整人们行为的"规矩"。随着社会的发展，法律的作用愈来愈重要，与人们生产生活的关系愈来愈密切。

● **老师评语：**

本文主题重点突出，中心明确，立意鲜明，好恶立场分明，使人一目了然。结尾语言朴实而含义深刻，耐人寻味。作为观后感，你的文章文思敏捷，希望你再接再厉，在今后的写作中形成一道属于自己的风景线。

文君分家 与男尊女卑

据《史记·司马相如列传》中记载，特立子女一者各配媵
汉景帝时著名的司马相如客临邛，县令王吉与临
邛县令王吉交好。蜀王吉者绍认识卓王孙，继而
认识其女卓文君，心悦好
之，与相如一起回到成都。后卓王孙分与其女
「家居徒四壁立」后，卓王孙耻而相如，与其
「卖七百金」于是文君当垆，而相如与妇人佣保，
「买予文君百人」卓王孙羞之，遂还归成都时，
「遂还归成都。」卓王孙深以文君为耻，与妇人
「尽复美车骑与其父」
其实，卓王孙大着「三纲五常」后，童男而私女，直是
女功镜下，才为妇当贾。

许《宪法》规定的「中华人民共和国男女在政治
的、经济的、文化的、社会的和家庭的生活各
方面享有同男子平等的权利」。令人敬佩。
这一标准对封建迷信的男女平等的真实写
照，是对这也与我国
封建社会的「女德」严酷的迫害
女子的封建礼教斗争的
治思想。「饿死事极大，而失节事极小。」「男
治罪刑！王吉仿又失其夫当谓谊，是功
「以事夫当其忠」。
此者盛赞卓文君「与封建是先驱」
应「谁话传千古」，也是先驱，也
古」其实，卓文君「谁话传千古」

观《秋菊打官司》有感

◎ 邛崃市回龙镇初级中学校　叶雨欣
◎ 指导老师　夏秀茹

　　影片《秋菊打官司》的故事发生在中国西北一个小山村。秋菊的丈夫王庆来因自家的承包地与村长王善堂发生了争执，后被村长一怒之下踢伤了要害。王庆来受伤后干不了活，秋菊是个有自尊有主见而又善良的女人，此时已有身孕。丈夫被踢伤，她便去找村长说理。村长不肯认错，秋菊认为这样的事一定得找个说理的地方。为此她挺着大肚子去乡政府告状。经过乡政府李公安的调解，村长答应赔偿秋菊家的经济损失，但当秋菊来拿钱时，为人高傲的王善堂，觉得自己是村长便瞧不起秋菊，拿钱来羞辱秋菊。他把钱扔在地上，受辱的秋菊没有捡钱，于是她又踏上了漫长而又艰难的告状征途。先后到了县公安局和市里，最后向人民法院起诉。除夕之夜，秋菊难产，村长和村民连夜冒着风雪送秋菊上医院，使她顺利产下一名男婴。秋菊一家对村长非常感激，也不再提官司的事了。但正当秋菊家庆贺孩子满月时，市法院发来判决，村长因伤害罪被拘留。

　　秋菊艰难的维权故事正是广大民众生活的缩影。

　　前些年，媒体不断曝光出许多老板拖欠农民工工资，长期不还，使得许多农民工四处讨债却屡次碰壁，四处奔走却毫无成效，最终通过法律和媒体的力量维护了自己利益的事件。

　　然而现如今，僻远地区农民法律意识淡薄，不知法不懂法，经常受屈辱，他们却不知道怎样维护自己的权益。或者认为法律太麻烦或不相信法律会给他们公正的说法，因此助长了歪风邪气，更因人们不知法而碍于情面而包庇罪犯、协助罪犯而受到惩罚，也许还有愚昧落后的民不与官斗的封建残余思想在作祟。

这部电影真实地反映出社会的各种现象，我们应该加大普法力度，法律援助下乡让法治深入农民的思想，像电影中的判官一样给人们更公正的利益。而农民朋友们也应像秋菊一样敢于坚持正义，坚信一定会有一说理的地儿。如果每位公民都像秋菊那样用法律来维护自己的权益，国家公务人员也像影片中的一样公正、认真，那么我们期盼的法治、民主的和谐社会一定会实现。

希望我们人人做一个知法、守法、维法的"三好"公民！

● 家长感言：

《秋菊打官司》演的就是生活，让镜头直接对准真正的百姓，觉得眼前的人和事与自己是那样的贴近，表现了"权力"与"权利""法理"与"情感"之间的的辩证关系，真正贴近百姓生活。

● 老师评语：

本文最大的亮点是作者把握住了影片的主题——总有个说理的地方。即要公平，要尊严。文章紧紧围绕这一主旋律来谈论。其次小作者的行文思路非常清晰，先简要地概括电影的内容，由此引发自己的观点，再联系社会生活，最后指出影片所揭示的现实意义。

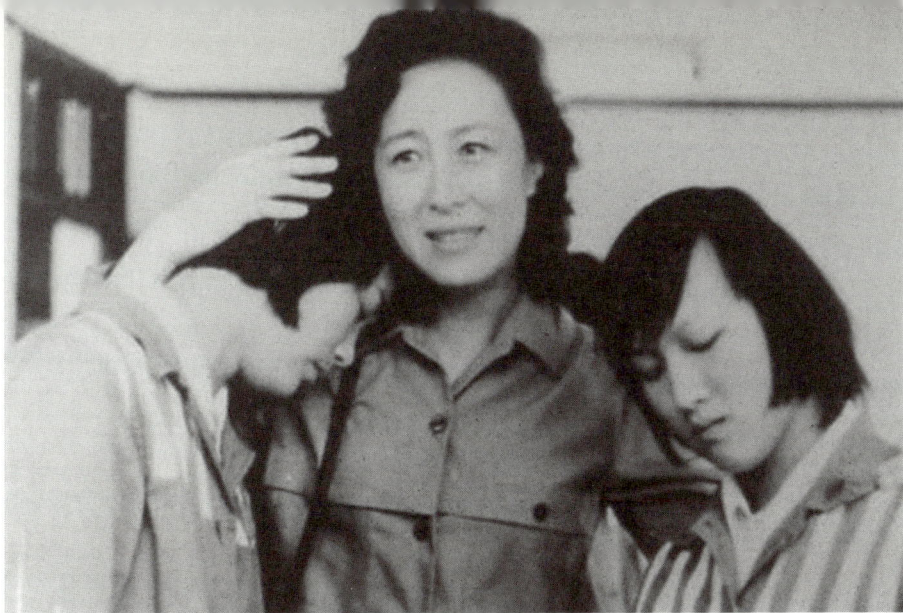

如果你们还有明天

——观《少年犯》有感

◎ 邛崃市冉义镇中学　王斯琪
◎ 指导老师　马小宁

　　有一个男孩，父母离异，都不要他，男孩忍受不了寄人篱下而离家出走，在流浪中学会了偷，触犯了法律。失去自由的他却满脸倔强，对于这个世界，似乎嗤之以鼻。可是，在探监那天，看见别人的父母都来了，唯独他的父母没来，他独自闷在那儿，无比痛苦。看到此处，我不禁心生悲凉——"没妈的孩子像根草"！看到他竟对人生失去信心，想用极端的方式来结束自己的生命时，我的心更在颤抖。

　　看着一个个和我们年龄相仿的少年，穿着灰色囚服，剃光了头发，周围是电网，我感到呼吸不畅，如果他们没有犯罪，也会像我们一样在明亮的教室里学习，有着父母师长的关爱，自由自在，多么惬意！他们为什么失去了生活中的那么多美好？

其实，孩子要的不多，只是希望有爱他们的人陪伴，拿我来说，虽然我理解父母，可是读书之余，回到家里，难见父母，总有点遗憾，与他们相处的时间太少太少。

电影看完了，可我的心却久久不能平静。我觉得除了感慨之外，还要反思我们的生活，反思我们自己。对于这群少年犯，不必一味去指责。少年，是祖国的未来，又是花朵。梁启超说，"少年进步，则国进步"。

最后，我想说，如果，你们还有明天，我希望你们能好好的！如果，你们还有明天，请把你的手交给我，我陪伴你们！

● 家长感言：

是的，要反思我们的生活，反思我们自己。连李嘉诚也说过："事业上再大的成功也弥补不了教育子女失败的缺憾。"因为生活的事务我们忽略了与孩子的相处和沟通，孩子对母爱、父爱的需求，更忽略了爱的真正意义。

● 老师评语：

孩子的成长需要父母的陪伴与呵护，毕竟他们的是非分辨能力还不足，而良好的家庭教育是孩子成长过程中最基础的教育，作为家长能意识到这点很重要，作为学校我们也有责任为之提供帮助和指导。

自觉遵守法律，做社会好公民
——崇州市法治文化广场观后感

◎ 崇州市崇庆中学实验学校　陈翊婷
◎ 指导老师　熊　炜

　　法律，给予人们真正的自由；法律，创造了一个和谐有序的社会；法律，保障着我们应有的权利。法律是每一位社会公民的守护神，知法守法，更是我们每个人应尽的基本义务。

　　每当谈到法，我总是会不由自主地感到一种庄重和肃穆。

　　这一天，我很幸运地得到了一个了解法律的机会。

　　我们在讲解员的带领下，参观了法治文化广场、法治宣传橱窗、法治文化展板、法治历史人物、法治文化典故等。并在《中华人民共和国宪法》前庄严承诺：学法、知法、守法、用法，做社会好公民。

　　这次的学习和实践，让我们获益匪浅，不仅了解了法律的含义，还清楚地认识到作为中学生应该怎样守好自己的本分。同时，我也感慨良多：不敢想象缺少了法律的保护，这个社会会是什么样的！我们走在大街上，是否担心会有不法分子对我们持刀相向？看到犯罪行为会不会没人制止？如果没有法律的臂膀保护着我们，这个社会会变得怎样杂乱？

　　毒品是恶魔，网瘾是恶魔，堕落的人也是恶魔，他们会影响身边的人，一点一点地腐蚀人们的心灵，侵蚀人们的思想，也只有与我们息息相关的法律，才能将他们从深渊中拯救。

　　法律像一张巨大的网，网住世界万物与我们。哪怕是一丁点犯罪行为，也逃不过它，天网恢恢，疏而不漏。

让我们努力学习，为国效力。让我们遵守法律，做社会好公民！让我们谨记社会主义核心价值观：富强、民主、文明、和谐、自由、平等、公正、法治、爱国、敬业、诚信、友善。

● **家长感言：**

法律不是束之高阁的欣赏品，而是活生生存在我们身边的全社会公民的行为准绳，法律是为了保障我们的合法权益，也为了不侵害别人的合法权益。大家都学法、知法、守法、用法，才能构建真正的和谐家庭、和谐社会！

● **老师评语：**

关注社会，并不是成年人的特权。作者的写作内容紧贴现代生活，把握住时代脉搏，尽现时代气息。主题严肃，思想高尚，进取心较强。文章开头交待清楚，起到总领全文的作用。行文思路清晰，语言简洁，而比喻手法的运用更使文章锦上添花。

陪伴是最好的爱

——观电影《少年犯》有感

◎ 天府新区大林中学　刘郑萍

◎ 指导教师　钟　霞

　　"滴嘟——滴嘟——"的警笛声响彻街巷，一个母亲和一个小女孩拼命追赶警车，撕心裂肺地喊着一个少年的名字。少年呆呆地望着窗外，直到母亲、妹妹、过往的行人，还有雨滴消失在远处，变得愈来愈模糊，少年情不自禁地流出了悔恨的眼泪。

　　电影中那位少年犯的妈妈是《社会与家庭》杂志的记者，她每天忙于采访少管所里的少年犯，却忽视了对自己儿子的管教，最终亲眼目睹自己的儿子被警车带走。少了陪伴，少了关爱，少了悉心教导，怎能让一个处于青春叛逆期的孩子平稳度过呢？

　　生活中有些孩子就像本部电影中的那位少年犯一样，在人生道路上迷失了方向。有些父母也像电影中的那位妈妈一样，忙于工作，忽视了对孩子的教育。在经济飞速发展的今天，许多父母为孩子创造了优越的物质条件，却忽视了对孩子的教育问题，殊不知"父母是孩子的第一任老师和最好的老师"。

　　每个孩子的心灵最初都是纯洁的、美好的，但有些之所以走上了违法犯罪道路，就是因为缺乏家长对孩子的陪伴、关心。当今是法治社会，学法、懂法、用法，更应从孩子入手。我想说：陪伴是最好的爱，父母是孩子最好的老师。建设法治社会，需要家长多对孩子加以陪伴、加以关心，决不能让孩子放任自流。

● **家长感言：**

　　许久没和孩子一起看电影了，每天都想着怎样为孩子创造更好的物质条件，却忽略了最简单的陪伴。再大的犯罪都是由小小的错误慢慢演化而来的。多抽点时间陪伴孩子成长，多与孩子交流与沟通，预防孩子违法犯罪。

● **老师评语：**

　　刘郑萍同学的这篇文章语言平实朴素，感情真挚动人，条理清晰，主题鲜明，发人深省。让我们也从纷繁嘈杂的生活中停下来，多陪陪孩子，让他们知人、知世、知法。

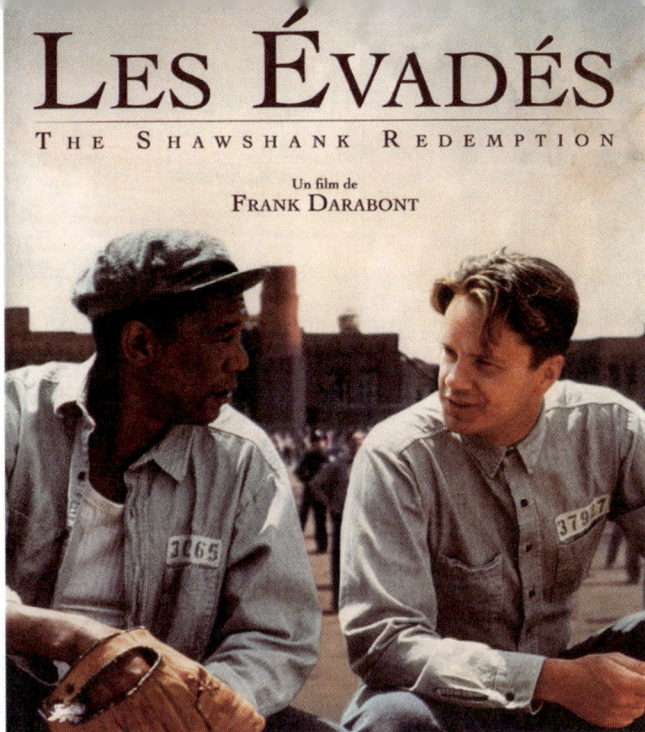

让法律为我们的人生保驾护航

——观《肖申克的救赎》有感

◎ 天府新区正兴中学　邓书缘

◎ 指导教师　江国丽

　　今天我观看了这样一部美国电影，电影主要讲述了主人公安迪被诬陷谋杀自己的妻子及妻子的情夫，被判终身监禁于肖申克的监狱的故事。老实说，这部拍摄在几十年前的美国电影带给我深深的触动。

　　监狱是怪地方，起先你恨它，然后习惯它，更久后，你不能没有它，这就叫作"体制化"。

——瑞德

十年，二十年，对于一个人来说究竟意味着什么呢？在监狱中，安迪利用自己的金融知识帮助典狱长洗钱。然而当知道真相的他请求申诉时，却遭到典狱长粗暴的回绝。随着对法律公正幻想的破灭，他终于踏上了救赎自己的道路，十九年的艰辛为他换来了自由。

电影的最后，两个在监狱中待了许多年的人拥抱到一起。对未来的渴望，对现实的迷茫，不知该为他们感到庆幸还是悲哀。

世上有些东西，是石墙关不住的。在他们心中有些管不住的东西，只属于自己。

——安迪

在批判美国司法治度的弊端及对犯人的折磨的同时，我的心中久久难以平静。我一直在思考，我们生活在法治逐步健全的祖国，年轻的我们应该做些什么？是不是应该更加努力学习，做知法、懂法、守法的新一代青年？并且用所学法律知识来帮助需要帮助的人，为建设和谐祖国、法治强国贡献出一份力量呢？

● **家长感言：**

虽然我国社会的法治在不断地完善，但青少年法治教育仍任重而道远。学校、家长有责任让孩子学习更多的法律知识，让孩子从小学法、知法、懂法，做一名守法的好公民！

● **老师评语：**

这部电影无论是从法律、道德还是人性上讲，都有许多值得深思的地方。孩子看完之后，虽然对有些情节的理解上不是很准确，但能有自己的想法和收获是极其可贵的。

家庭：成长的摇篮，幸福的港湾

——《少年犯》观后感

◎ 金堂县赵镇云绣初级中学　王文靖
◎ 指导教师　王志军

　　按照班主任的要求，昨晚我们全家通过网上搜索，看了七八十年代的一部优秀电影——《少年犯》，看后，我浮想联翩，感慨颇多，被电影中感人的情节震撼着心灵。我陷入深深的忧思中……

　　家庭是一个人成长的摇篮，是孩子幸福的港湾。在这个港湾中，孩子有了父母的呵护，可以遮挡暴风骤雨，可以沐浴阳光雨露，可以尽情享受亲情与快乐。

　　电影中反映了一个问题，就是孩子如果脱离父母的监管，跟社会上的小混混在一起，就容易被拉下水。像丁洁心的儿子就是这样。父亲在国外上班，母亲是记者天天不在家，只有个年迈的奶奶还都顺着他。试想，这样的家庭环境孩子和无人管有什么分别呢？孩子能不学坏吗？年龄小，自控能力差，闲散惯了，最终自然受社会负面人物的拉拢而走向了犯罪。这件事，不仅仅告诉孩子们要远离坏人，控制自己的任性、脾气，也同时对父母们提个醒：管教孩子不要离得太远，更不要离得太久。孩子是需要陪伴的，是需要父爱和母爱的。近朱者赤近墨者黑，与社会上不良闲杂人员交往，脱离父母的监控，很容易沾染上不良习惯，最终走上违法犯罪道路。

而现在，我们学生中有很多留守学生，他们远离父母，爷爷婆婆往往过度溺爱，这与电影中的少年犯犯罪环境何其相似？

在一个个少年犯的经历中，我们可以看出，家庭、父母对孩子的成长是多么的重要。家庭是孩子永远的学校，父母是孩子的第一任老师，作为父母，不但要养育自己的孩子，更需要关爱他们，并引导他们走上健康的人生之路，决不能过分地去溺爱他们，更不能长时间不与孩子亲近。

所以，我要向远离孩子在外地打工的父母们说：请你们常回家看看，孩子好想你们，孩子需要你们！

● **家长感言：**

我们全家看了电影《少年犯》后，觉得家庭教育是孩子健康成长中重要的保障，只有一个温馨的家庭，才有一个健康的孩子。所以，我们夫妻决定，无论如何，要留一人在家，与女儿朝夕相处，让她享受家庭的温暖，安心学习，幸福成长。

● **老师评语：**

这篇观后感具有真情实感，情文并茂，中心突出，在电影众多情节中，抓住家庭教育这一细节，并能结合当前生活中农民工留守子女的现实，发表自己的见解主张，提出了父母外出打工，一定要关注和联系子女，给孩子一个温暖的家庭的观点，具有很强的针对性。是一篇很有思想性的上乘佳作。

树立法律意识，做个守法小公民

◎ 金堂县转龙中学　夏妃洮
◎ 指导教师　李秀红

　　古希腊哲学家亚里士多德曾说过："法律就是秩序，有好的法律才有好的秩序。"在这个以"和平与发展"为主题的时代里，我们更需要法律，它是约束我们行为的最有力武器，也是建立良好社会秩序的基础。一个合格公民应该做到知法、懂法、守法、用法。作为一名中学生，作为祖国未来建设的接班人，我们更应该遵纪守法，从我做起，从现在做起。

　　法律伴随着我们的呼吸同在，就像生活中的阳光、雨露、空气，就像鱼儿与水的关系，我们是离不开法律这个保护神的。法律是让我们社会正常运转，校园书声琅琅的重要保护伞。还记得民族英雄林则徐虎门销烟的伟大壮举吗？这个名垂青史的大英雄做了一件惊天动地的事情，用火把吞噬中国的精神鸦片烧得干干净净，我至今仍记得这个历史篇章。

　　我经常看到这样的新闻：本来幸福美满的一家，因为其中一人吸毒，最终导致妻离子散、家破人亡，类似的悲剧，数不胜数。而导致这种悲剧的始作俑者就是它——毒品。吸毒是一种违法犯罪的行为，制毒、贩毒、吸毒，这样形成的毒品链就像一张大网，不知网住了多少无知的人，尤其是那些充满青春活力的少男少女们。毒品就是恶魔，对于这一点，我们中学生都应该清楚，一旦和它有任何接触，终将万劫不复。所以，我们一定要远离毒品，珍爱生命。

　　尽管现在我们觉得毒品离我们很远，但我们一定要有远离它的意识。我认为现在离我们很近，真正威胁我们身心健康的是坏的思想和不好的行为习惯。父母在外地打工，生活在农村的我们与父母相隔两地，就成了留守儿童。在远离父母的教育和关心的情况下，我们养成了不好的行为习惯，有些孩子经常受社会上诱惑，与社会上的地痞流氓打交道，进入网吧、游戏厅，被灌输各种各样的坏思想，慢慢厌学、堕落下去，甚至于做违法犯罪的事。

　　比如，在学校发生的触目惊心的群殴事件，学生没有学生气，为了一点小事就大打出手，还拿刀拿棍的，这些情况不应该在学生中间发生。虽然学生解气了，殊不知两败俱伤，打伤了同学，自己也是要承担责任的，还有可能负刑事责任，毁了自己的前程，也给学校荣誉带来了不好的影响，造成的危害之大。除了学校的教育外，从学生自己来说，更应该知法、懂法、守法，才能更好地约束自己的行为。

　　做个守法小公民，不是简单地做到不违法犯罪就行了，还要学会用法，学会用法律武器维护自己的合法权益。发现违法犯罪行为要及时举报，阻止犯罪行为。在自己知法、懂法的情况下，给周围的人传播法律知识，帮助自己周围的人树立法律意识，共同构建法治社会，维护法律的尊严。

　　同学们，让我们携起手来，用正义的眼光看待这个社会，争取在家做一个懂事孝顺的好孩子，在学校做一个勤学好问的好学生，在社会做一个有道德的、知法、守法的好公民吧！

● **家长感言：**

青少年犯罪已越来越成为全社会不容忽视的问题，引起了国家的高度重视。家庭、学校、社会对青少年进行法治教育责无旁贷。

学生学法用法，要规范自己的行为，对法律要有敬畏感，学法用法是为了更好地用法律保护自己。家长要教育自己的孩子遵守规章制度，遵守公共秩序，养成良好的行为习惯；学校在这方面要加强宣传力度，聘请一些法律专家来为同学们开座谈会，每星期上一节法律课，增强广大学生的法律意识；社会对青少年教育要形式多样，深入社区，多开展一些联谊活动，同时加大对社会不健康因素的惩处力度，净化社会环境，为青少年成长提供一个优良的空间。

国有国法，家有家规，法律是一个国家的根本，国无法则不能立足于世界。青少年是祖国的希望和未来，加强法治，法育未来，根本问题是教育人。

法治教育要从娃娃抓起，让他们的掌握法律知识，做一个优秀的公民，造福于社会。

● **老师评语：**

本文作者从法律的作用大处着眼，从民族英雄林则徐的壮举到现今毒品对家庭毁灭破坏谈起，尽管现在我们觉得毒品离我们很远，但我们一定要有远离它的意识，真正威胁我们身心健康的是坏的思想和不好的行为习惯。要树立法律意识，做个守法小公民，学会用法，学会用法律武器保护自己的合法权益。观点鲜明，说理切合学生实际，例证真实可信，文笔通畅，结构完整，有较强的感染力。

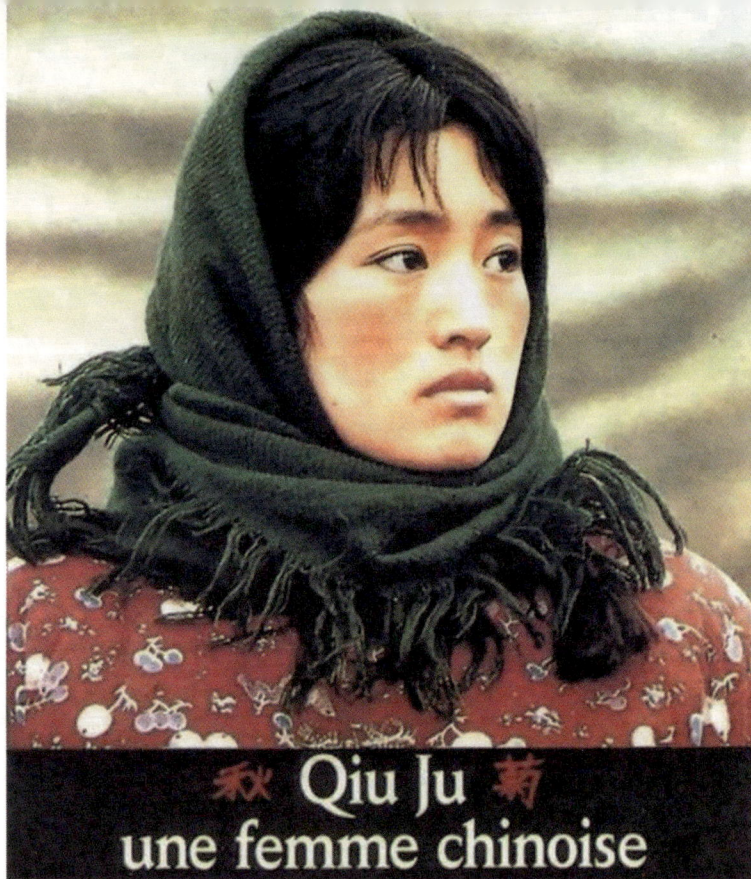

秋 Qiu Ju 菊
une femme chinoise

《秋菊打官司》观后感

◎ 彭州市三界镇初级中学　何忠灿
◎ 指导教师　江　东

　　观看了电影《秋菊打官司》，我感触颇深。

　　故事发生在一个中国西北的小山村。秋菊的丈夫王庆来为了自家的承包地与村长王善堂发生了争执，后被村长一怒之下踢中要害，王庆来整日躺在床上干不了活。秋菊是一个善良有主见的女人，此时的她已身怀六甲。丈夫被踢伤后，她便去找村长说理，村长不肯认错。秋菊认为这样的事一定得找个说理的地方，于是便挺着大肚子去乡政府告状。经过乡政府李公安的调解，村长答应赔偿秋菊的经济损失，但当秋菊来拿钱时，村长把钱扔在地上，受辱的秋菊没有捡钱，而又一次踏上了漫漫的告状路途。先后到了县公安局和市里，最后向人民法院起诉。除夕之夜，秋菊难产，村长和村民连夜冒着风雪送秋菊上医院，使她顺利产下一名男婴。秋菊一家对村长十分感激，也不再提官司的事了。但正当秋菊家庆祝孩子满月时，市法院发来判决，村长因伤害罪被拘留。

这部影片意在唤醒人们的法律意识。秋菊屡战屡败，屡败屡战，这种坚持用法律捍卫个人权利、追求公道的精神值得我们学习。村长不计前嫌把秋菊送到医院，秋菊很感激，但村长却依然被拘留，这充分体现了法律的公正性与严肃性，任何人都不可能因感情而逃避法律的裁决。

● **家长感言：**

法律面前人人平等，遇到矛盾纠纷，甚至权益受到侵犯时，最好的解决办法不是争吵和杀伐，而是拿起法律武器，让自己受到保护，让加害方受到严惩。

● **老师评语：**

本文语言朴实，行文清晰，充分表达了作者通过观看影片感受到的对国家法律的深刻认识，体现了作者本人法律意识、法治思维的日臻成熟。

法治文化主题乐园

法治锦江　快乐成长

Govern Jinjiang according to the law Grown up happily

高中组

特 等 奖

我们身边的税收

◎ 成都市华阳职业中学　张祥红
◎ 指导教师　陈艳美

　　题记： 美国著名政治家富兰克林：人生有两件事是不可避免的，那就是死亡和纳税。我国古人提出：税赋不丰，何以兴国；国家不兴，焉能富民。

　　中华人民共和国公民有依法纳税的义务。（《中华人民共和国宪法》第五十六条）

　　有一天我们全家去饭店吃了168元。结账的时候老板要优惠我们18元，但条件是不开发票。爸爸坚持要发票不要优惠。爸爸告诉我，店主是想不开发票来少缴税，这种做法是偷税漏税，是可耻行为，纳税是公民义不容辞的责任。我不由得暗暗佩服爸爸。从那时起我就特别关注税收方面的知识。

　　税收，是国家为了实现其职能，凭借政治权力，依照法律规定，对一部分社会产品或国民收入进行强制的、无偿的分配，取得财政收入的一种形式，体现了国家与纳税人根本利益的一致性。

　　我国的财政收入主要来源于税收。2014年中央财政收入140350亿元。其中119158亿元来自于国内增值税等税收方面，非税收入仅21192亿元，由此可见税收对我国财政的重要意义。国家的发展离不开税收。2014年中央财政主要在教育、医疗卫生与计划生育、交通运输等国民基础建设共计支出99067亿元，真正体现了税收取之于民、用之于民。

　　2008年汶川发生特大地震，震后的重建工作十分严峻，中央财政当年就紧缩各项开支，安排700亿元用于灾后重建工作，这些都充分体现了税收的意义。纳税与我们的生活紧密相关，税收就在我们身边。生命不息，纳税不止。

　　我们人人都应该培养纳税意识，要自觉履行纳税的义务，做一个诚信守法的人。现在我去肯德基、麦当劳等快餐店吃饭，饭后我都索要发票。我给爸爸说我也要为国家建设做贡献，爸爸夸奖我有主人翁意识。国家的富强、人民的幸福离不开税收，税收功在当代、利在千秋。让我们提高纳税意识吧！

● 家长感言：

　　孩子进入高中学习了一些法律知识，对许多事情都有了自己的看法，法律意识也越来越强烈，作为家长我们感到很欣慰。毕竟这是个法治的社会，需要孩子学法、知法、懂法、护法。

● 老师评语：

　　张祥红是财经专业的同学，学习了财经法规、法律与道德方面的知识，对税收方面的知识特别感兴趣。在写这篇法律文章时，她上网查找资料又结合自己身边的事例展开分析，有自己的见解。

● 评委点评：

　　该学生以平实、朴素的语言，通过自己和父亲外出吃饭购物主动索要发票，以实际行动自觉纳税、维护国家利益的行为，进一步说明"纳税是公民义不容辞的责任"。文章见地深刻、资料翔实，可看出该学生具有很强的法治意识和税务常识。同时，学生在叙述和描写中善于运用数字和数据，增强了表达的真实感和现场感。善于剪裁运用材料，叙述中详略得当，是一篇普及纳税重要性的好文章。

高中组

一等奖

谁逼死了叶蓝秋

◎ 成都市盐道街中学　陈歆怡
◎ 指导教师　张述东　艾云华

　　如果你看过电影《搜索》，相信你一定还记得这个场景：一个妙龄女子坐公交车不给老年人让座，其他乘客犀利地指责她，她冷冷地回了一两句。这件事被路人拿手机拍下来上传到网上，在媒体的猛烈炒作下，在网民的疯狂人肉搜索下，这个妙龄女子成了道德败坏的典型，失去了活下去的勇气……

　　1963年，美国气象学家爱德华·罗伦兹提出了"蝴蝶效应"这个观点。2004年，好莱坞一部电影以此为名，并用生动的影像故事完美诠释了这个概念。如今，陈凯歌再一次以当下的社会环境为背景，用一段让座视频引发的"血案"故事来表达他对"蝴蝶效应"的独特理解。电影《搜索》的主人公叶蓝秋为了续医保进行体检，查出淋巴癌晚期，由于倍受打击在公交车上没有给老人让座，被实习记者拍下做新闻，再被网民人肉搜索，使得两个家庭破碎，最后被逼自杀身亡。

　　在这场搜索的保卫战中，人人都有杂念，除了心境澄澈的叶蓝秋；但人人也都活得真实，除了自绝人命的叶蓝秋。当我们找寻逼死叶蓝秋的真凶时，除了晴天霹雳的淋巴癌，是不是也得算上这场声势浩大的网络暴力？每个人锋利嗜血的凶器，仅仅是轻巧无害的鼠标，也许导演要说并不只是搜索二字，但人肉搜索的确是故事里最触目惊心的伤痛！

　　在全民享用的广阔网络平台上，在无孔不入的智能手机的监察下，我们能肯定自己发出的声音一定是自己的吗？每个人认知的特殊性，每个人看待事物的角度，每个人置身环境的影响，都让我们有理由相信"眼见不一定为实，评论也不一定正义"。当隐藏在电脑屏幕后的人站在道德制高点上对世间苍生嗤之以鼻时，他的道德难道就真的无可指摘？我们真正需要的，并不是得知真相时心头翻涌的那一丝同情心，而是宽容善良的灵魂。若能如是，叶蓝秋的悲剧便不再有萌芽的土壤。

● **家长感言：**

"眼见不一定为实，评论也不一定正义"！孩子的这篇文章旨在表达：不以自己的道德观点去衡量别人的是非对错，而以法、理、情等多方面去深挖事件本质，不跟风，不人云亦云，理性看待身边发生的事，真诚对待每一个身边的人。

● **老师评语：**

在快速发展的信息时代，网络的影响力日渐强大，随之而来的网络问题也备受关注，如文中提及的网络暴力事件，虽然我们都有网络发言权，但我们要慎重自己的言行，传播正能量，营造一片湛蓝的网络天空！

● **评委点评：**

该学生文章开头引人入胜，点面结合。通过一部电影故事带出文章主题"眼见不一定为实，评论不一定正义"。在当今信息社会，"人肉搜索"作为一种新的网络现象，如何正确、理性地看待身边发生的每一件事？该学生冷静的口吻，表达自己对"狂欢式网络暴力"的谴责，同时对"宽容善良"的呼唤。整篇文章线索明朗，主题突出，紧紧抓住一个案例，围绕展开网络方面的法治宣传。文章以电影故事开关，又以此故事结尾，前后照应，首尾相连，观念感染力极强。

法之管窥

◎ 新都一中（城北校区）　杨　康
◎ 指导教师　黄晶晶

　　法者，使民之蒙幸，国之愈强，社稷之安泰，浩然正气蔚然成风者也。或曰：法律为治国之重器，良法乃善治之前提。故夯固国法，严明律令，实国民之重则也！

　　泱泱华夏，如苍郁古树，法乎其中，乃使之根深叶茂而耸入云端者也。古之中国多有法律之籍，如《商君书》《韩非子》《唐律》之流，而法之变革亦不鲜闻，如商鞅、李悝变法等，其中良策善方犹如羹汤，虽时过境迁，然滋补现代社会之肌理亦大有裨益。时下，西方古希腊、罗马之法律常为世人热捧，问之何以？却王顾左右而言他，一知半解，浮光掠影，味同嚼蜡矣。故窃以为，今人谈法固法，理当静心平气，切勿"月亮总是他乡圆"，以"拿来主义"之名献媚他国之法，若之，何其祸国殃民哉！其实，吾国盛世之法律比之西方十二铜表法等有遥遥领先之见，是现代中国法律之基础、世界法律之楷模。固然，吾辈理应立足吾国之实情，承续先法良法之衣钵，深掘先法良法之矿藏，辅以他国法律之精髓，此乃明举也！

　　近代以来，中国之法律亦多有闪光之处，诸如戊戌之变法、孙中山宪政之法。然，或腹死胎中，或夭折半途，令人唏嘘不已。何以之？三言两语不足以叙，盖不合国情、不表民意，乃为其必然失败之根柢也。

　　时至今日，中国特色社会主义法律体系乃民意之法、固国之法，受历史检验之良法。古人云：金无足赤，人无完人。中国特色社会主义法律体系现存瑕疵与纰漏，饱受好事之徒所攻讦。譬如，近年多有青少年犯罪之案，如马加爵、李天一、林森浩等校园罪行，犯罪少年不乏名校俊彦，却仍陷深渊，不得不引人悲之痛之。更有深忧之处，虽当事人受法律之制裁，然法律意识不足以警惕，法律制度不足以完善，此甚危也！慎思之，明辨之，此亦恰说明固本强基之必要，完善中国特色社会主义法律体系之紧要，而绝非改弦更张，"误入藕花深处"也。

法者，至高无上之圣物。得良法，国之富强，民之振兴，人民之幸福，可盼可及矣。晚辈谈法虽薄，然固法有则，遂欲以吾之口守护法律之威严，以吾之手怀抱法律之绳墨，以吾之足践行法律之规则！善哉，谨以聊表！

● **家长感言：**

中学生正处于人生观、价值观逐渐成型的关键时期，懂法、守法以及明白法律存在的意义和价值是非常重要的，本次征文活动是提高中学生的法律意识的有效途径，我深表赞同。

● **老师评语：**

子曰："质胜文则野，文胜质则史。"而本文可谓"文质兼备"，采用半文言文的语言形式言简意赅、古朴典雅，同时言之有物，意味深长，其思想及语言都具有很高的造诣。

● **评委点评：**

该学生采用文言文形式，以饱满的激情分析历史上不同时期的法治特征，最后落在"中国特色社会主义法律体系乃民意之法"主题上。将当今一些青少年犯罪的案例引入文中，使文章既有文采，又有时代气息。整篇文章铿锵有力，熟练运用"恰到好处"的古文，紧扣"法律"的主题，直抒胸意，读后有酣畅淋漓之感，相关历史知识掌握得很不错，显示出雄厚的古汉语基础知识。

国人哪，你为什么发怒

◎ 成都市成飞中学　漆　薇
◎ 指导老师　何　炜

　　近日，网络上一段"成都男司机暴打女司机"的视频被炒得沸反盈天，掀起的舆论热潮已然超越了事件本身带来的影响。然而，这样一个话题背后折射出来的问题又是否有人发现？

　　整个事件中，始终贯穿着暴力的因子，无论是男司机的拳脚相加，或者是覆蒙着暴力阴影的网络舆论。但是，国人哪，你为何发怒？

　　对于男司机这一行为，所有人都表示理解或认同，更甚者还给以"点赞"。我们总会设身处地地思考男司机的立场。我们据理力争，男司机是多么地正义，公然惩罚了这样一个无德的社会公害。然而法律的颜面何在？难道我们遇到任何一件足以点燃内心触发点的事时，都可以被情绪控制，惩罚危害自己生命的人来获取肾上腺素的满足？而这会不会恰恰解构了我们本身的高明之处：我们宣扬人类的文明，但在遇到考验人类本能的时刻，我们还只是被情绪控制的奴隶，伤害着我们自己的同类。

　　所谓法治化的社会，在遇到这种时刻时，能否发挥着自己本该有的功能呢？早在古罗马时期人类的智慧祖先就已清晰地认识到了同态复仇之弊端，关注着法治应该是更加注重理性原则而不是习俗。何以时至今日，我们却更加漠视用法律用科技手段来捍卫自己的权益呢？

　　当一个无德无良司机的形象被网络的曝光并上升到个人私生活不检点的高度，更多人开始声讨女司机，嘲笑着根本不了解网络舆论环境的女司机及其家人苍白可笑的谎言以及无力的辩白，企图为男司机贴上"为民除害"的标签。可是，这难道就不比男司机暴打女司机更加令人痛心吗？我们联想着自己的经历，声援着男司机，填补曾被压抑过的火山口。网络暴力并不是新近发生，它本不应成为我们维护公平正义的一种工具，人类有他所骄傲的圭臬——法律。

国人哪，你为什么发怒？这不是个体，这是社会现象的一个剖面，我们口耳相传着二十四字的社会主义核心价值观，但社会对正义公平的判断、对法律与自我的衡量，也应该进步。这是21世纪，是用法律维持人类尊严的社会。情绪与法则的角力的过程那么漫长，人类文明也仍在进步，只是亟待每个理智而冷静的人去经受社会熔炉的考验。

最后引用康德的名句作为结束吧——

"世界上有两件东西能够深深地震撼人们的心灵，一件是我们心中崇高的道德准则，另一件是我们头顶上灿烂的星空。"

● **家长感言：**

经过高中两年的学习，让我看到了孩子在思维和视野上的变化。

● **老师评语：**

能从当前社会的热点事件出发，对国民素质、国人价值观、道德观进行深层剖析，字里行间闪现着理性的光辉。

● **评委点评：**

该学生以一起社会热点事件作为切入点，阐述了"网络暴力不应成为我们维护公平正义的一种工具，人类有他所骄傲的圭臬——法律"这一观点。文章开头简而得当，整篇结构紧凑，中心突出。对国民道德观进行深刻剖析，脉络分明，层次感强，叙事井然有序，结尾恰到好处地引用名言点明中心，语言朴实而含义深刻，耐人寻味。关心生活，关注社会，并不是成年人的特权。该学生通过自己的眼光，看到法治在生活中的重要性，文章充满理性与思考。

论法理与情理的对立统一

◎ 成都市华阳职业中学　王梦雪
◎ 指导教师　赵鸿峰

　　国无法不立，民无法不治，在法律面前人人平等。可法无情，人却有情。法律与情感之间的对立冲突也必将成为我们社会公平正义的重要考量。

　　正所谓清官难断家务事，在法律面前情理却不得不让位于法理。一位七旬老人的老伴去世，她想到女儿无住房，便拿出自己毕生的积蓄买了一套商品房，和女儿住在一起，并在房产证上只写下了女儿的名字。谁想到，不久，女儿将老人赶出了家门，并称此房是自己购买。从法律的角度看，这套房的产权人是女儿，房产证上的名字也是女儿的姓名，那么毫无疑问，女儿才受到法律的保护。

　　我们大多数人在面对法与情时，更看重的还是情。的确，有时候情理比法理更让人动容，这也更需要法理能充分彰显社会的公序良俗。云南昆明市东川区人民医院妇产科的一名产妇做完剖腹产手术后，出现大出血。院方四处为产妇寻找AB血型的义务献血者无果，妇产科手术医生卢新华本着救死扶伤的原则，为产妇义务献血200毫升，令产妇转危为安。卢新华医生的良好医德，不仅感动了患者和家属，还感动了医院的全体医护人员。正当医院准备对他进行表彰时，云南省卫生厅法监处却以东川区人民医院违法采血供血，对医院下发《处罚预先通知书》和《听证告知书》，并对医院处以6万元的经济处罚。

　　这样的事例不胜枚举。庞德曾说："将法律和道德彻底分开的做法，以及将法律和道德完全等同的做法，都是错误的。"我们不得不承认，法律自身是有局限性的，法律有时可能是"不善的"，即"不道德的恶法"。但是法律就其本质是维护社会公平正义，彰显社会公序良俗的。如果我们只是一味地指责法律，妄想以情代法，那么将导致政无序、治无纲。因此，法是法，情是情。它们虽然不能完全替代彼此，但是它们也不是一个单独存在的个体。它们在社会规则不同的层面承担着不同的作用，却又共同存在，相互联系，相互促进，相互制约，使我们的社会更加文明、生活更加美好。

● **家长感言：**

孩子在这个年龄阶段能对法律和情感有如此理性的认识，作为家长感到很欣慰。我们也将努力在家中营造和谐的氛围，让孩子在规则与情感上树立正确意识，为她今后走入社会成为一个合格公民打好基础。

● **老师评语：**

文章通过矛盾视角来审视法的正义、情的温暖，实现了对法与情的再认识。立意鲜明，论据鲜活，结构完整。作为一名职高学生有如此理性思考和辨析，实属可贵，只是在其评析方面还较肤浅，有望进一步提高。

● **评委点评：**

该学生以两个真实的案例，阐述了在法治社会存在的法理与情理的冲突。在发生纠纷的时候，大众"心中有杆秤"，凭借情理而进行是非评断。而法理出自于对情理的归纳总结，使之符合法律逻辑。学生抓住法理与情理两者之间的依存关系，整篇叙述自然生动、结构紧凑。两个案例衔接自然连贯，中心突出，阐述只有把关注群情民生和讲究法律公理有机结合起来，群情尊重法理，法理关注民生，社会才能健康有序文明的发展，依法治理下的以人为本才能得以真正的体现。

青少年法治教育之我见

◎ 成都市石室蜀都中学　殷瑞霞
◎ 指导老师　蒋良山

　　管子在《法禁》中写道："法治不议，则民不相私。"千百年来，历朝历代的统治者无不把"法"放在非常重要的位置。而如今的青少年，对"法"又有着多少的认识呢？

　　中国一直提倡成为法治国家，于是近年来也对青少年进行普法教育，可是我国青少年犯罪率却一直很高，这也说明其方法本身存在着缺陷。

　　学校是青少年聚集的主要场所，也是法治教育的主要阵地。但在学校教育中，法治教育与其他"主流课程"比起来实在微不足道，流于形式化和单纯灌输知识的方式使其成效不大。很多学生还一直存在"自己未满18岁，不用对一些刑事付出代价"的思想，根本没意识到自己已满多少岁，需要承担的责任是多少。

　　其次，各个学校对法治教育的标准不一，教学内容缺乏规范性。很多人认为法治教育其实就是政治课，但是政治课就等于法治教育吗？我想答案必定是否定的。固然政治课与法治教育有一点联系，但也仅限于初中《思想政治》中的法律知识。法治教育一直在被强调，但也一直没有成套的规范的教材可供学习。

　　除了上述原因外，目前很多法治课教师都是由政治老师兼任的，许多老师都只是掌握了书本上的一个固定理论，而生活每天都在变化，不少老师遇到实际问题，往往都会束手无策，这说明这方面的教师水平不高且缺乏专业化。

都说国家之未来看少年，青少年的法律知识淡薄，也缘于身边大人的一些影响。知法犯法的人大有人在，他们"坚持不懈"地钻着法律的空子。他们哪里知道，他们虽获得了一些非法利益，但这往往是以牺牲孩子的健康成长为代价换来的。

总之，学校教育管理的薄弱，加之家长对孩子这方面的忽略，于是就造成大部分青少年对法治的淡薄和迷茫。导致他们有时在不经意之间便触及到了法律的底线，并且不知深浅便跨了过去；然后便是悔不当初，却不知早已没有了回头路。

"法治"是我国的发展思想之一，但法不应仅限于立法、执法和对违法者的严惩上，更应该落实在对广大青少年的宣传教育上。

● 家长感言：

孩子能从多方面探寻青少年法治教育的途径，并对我们提出了他们的愿望，我们深感责任重大。

● 老师评语：

本文观点明确，论证通彻。作者从学校、社会、家庭多方面探寻青少年法治教育的原因，可谓清楚明晰，不失为一篇规范性法治论文。

● 评委点评：

该学生以古论今，强调在青少年中开展法治教育的重要性。并大胆指出学校在法治教育方面存在的缺陷。文章语言入情入理，指出的问题带有一定普遍性。文章最后揭示中心之句，概括得短促而有力。也希望我们的教育机构和教育工作者，创新青少年普法宣传方式，增强普法宣传实效。积极探索新形势下普法工作的方式方法，加强渗透式普法教育。把法治宣传真正落实到青少年身上。

高中组

二等奖

法治教育为生命护航

◎ 成都市青苏职业中专学校　朱崇凯
◎ 指导教师　廖承兰

　　俗话说"没有规矩，不成方圆"，一个完整健全的社会，法律必不可少。不敢想象，一个社会失去了法律的约束，一个国家没有法令制度来规范人们的行为，一切会乱成什么样子。所以，建设法治社会应该成为我们共同追求的目标，而要实现这个目标，法治教育很重要，尤其是对我们青少年进行法治教育，应该从小抓起，让我们学法用法、知法守法，为我们的生命成长护航，让我们今后走进社会做一个有益于人民的人。

　　"家有家规，校有校纪，国有国法"，法治教育应该成为青少年的必修课，让法治教育为青少年的生命健康成长保驾护航。近年来，我国未成年人犯罪逐渐增多，青少年犯罪给个人、家庭、社会造成了极大的伤害，引起了全社会的广泛关注，所以高度重视法治教育是当务之急。

　　据媒体报道：2002年，警方破获一起在校中学生杀害在校生的案件。警方抓获犯罪嫌疑人陈某等5人，作案工具摩托车1辆、六四式军用手枪1把、子弹3发等。2002年10月7日下午，受害人家属接到电话：程某（在校初一学生）被绑架，要求家属准备20万赎金，并且不准报警，否则后果自负。最后当犯罪嫌疑人被捕时，口中一直不停地在对受害者家属道歉，可这又有什么用呢？如果陈某等人多了一些法律知识，具有较强的法律意识，遵守法律规范，他们就不会有这样的结局。

　　近几年，青少年违纪违法事件时有发生，如很多青少年沉迷于网吧、虚拟游戏，他们花光了父母给的零花钱，没有经济来源之后，便实施偷窃、抢劫，有的甚至杀人害命。在贵阳，警方打掉的一个未成年人犯罪团伙，年龄最大的也就17岁，最小的只有10岁。如此任由他们发展下去，可想而知，后果有多可怕。面对这些血淋淋的违纪违法犯罪事实，你难道不质疑：他们接受过法治教育吗？！你当然也会强烈呼吁：对青少年加强法治教育，势在必行！

青少年是祖国的花朵，不能让花朵还未绽开便走向凋零。加强法治教育，指导青少年学法用法、知法守法，为青少年沿着生命之河开创未来保驾护航，这是一件教育大事，是家庭、学校、社会的责任。让全社会都重视法治教育吧，大家一起创造美好的法治社会，共享幸福快乐的人生。

● **家长感言：**

21世纪是个法治社会，许多家长因为不重视法治教育，导致自己孩子走上不归路。作为父母也应该从小教育孩子学法用法、知法守法，严格规范自己的一言一行，做一个对社会有用的人。

● **老师评语：**

作者针对社会现实，通过具体案例分析阐述自己的观点："对青少年加强法治教育，为青少年生命健康成长保驾护航是当务之急，势在必行，是一件教育大事，是家庭、学校、社会的责任"。文章观点鲜明，逻辑严密，说服力强，是一篇好文章。

关于法律的那些事

◎ 成都市青苏职业中专学校　赵晶晶　王　宇
◎ 指导老师　张腾月

　　如果我是一只刺猬，那么法律就是我的刺，保护着我软嫩的身躯；如果我是一枝牵牛花，那么法律便是那栅栏，将我的枝蔓延伸到远方；如果我是一叶扁舟，那么法律就是水，载我驶向远方。

　　所谓家有家规，班有班规，国有国法。我们在一个法治的国家，处处需要法，需要知法，需要懂法，需要守法。

　　法律，是人人熟悉的词，人人都知道，法律不能犯，也不敢犯，不管是个人还是集体。凡是做出法律所禁止的行为或者不履行法律规定的义务，都是违法的行为。

　　儿童和少年的权利应当得到保护，他们没有能力保护自己。因此，社会有责任保护他们。保护未成年的方式主要有家庭保护、学校保护、社会保护和司法保护。保护未成年人，应当遵循保障未成年的合法权益原则。尊重未成年的人格尊严的原则，适应未成年身心发展的规律和特点的原则。

　　现在的生活比较富裕，但是有些父母还是有重男轻女的思想，违反了九年义务教育，也深深地伤害了未成年孩子的人格尊严和身心健康。在一个相对偏远的农村，村民赵某有一儿一女，均达到法定入学年龄，但赵某有重男轻女思想，仅让9岁的儿子上学，女儿则在家帮忙干活，村委会干部多次劝说赵某将女儿送到学校去读书，均被赵某以自家的事，不用他人来管为由而拒绝，却不知道自己违反了我国的《义务教育法》。在1986年4月12日第6届全国人民代表第四次会议通过的《中华人民共和国义务教育法》，规定国家学习九年义务教育，该法于同年7月1日起施行，这是中华人民共和国建国以来最重要的一项教育法，标志着中国已经确立了义务教育制度。2006年9月1日起，开始实施新的《义务教育法》。我国实行九年义务教育，家长有义务送孩子到学校接受教育，如果有困难应该到居委会、村委会或者教育部门寻求帮助。

一个国家最重要的是教育，不让孩子上学会造成他不知法、不懂法，违法还不知道的情况，这样的情况之下，我们怎么让孩子受到法律的保护?

让法律成为信仰，是每一位现代人的追求，需要每个人的努力。如今我们不断地学法和懂法，更重要的是知法用法，而不是知法犯法，挑战法律的权威。都说没有规矩不成方圆，那么法律就是圆规吧，帮助我们规划完美的人生。就像是鱼儿离不开水，人也是一样的，我们若是离开了法律的保护，整个社会便处于一片混乱之中。

● **家长感言：**

孩子的关注点，远远是站在大人的立场，值得我们深思，学会知法、懂法，用法律维护我们的权利。自古以来，规矩就无时无刻不在人们身边。随着时间的推移，规矩也在不断变化，以成千上万种形式出现，但是最大的规矩应该算是法律。

● **老师评语：**

德国法学家耶林说："执行法律的人如果变成扼杀法律的人，正如医生扼杀病人，监护人绞杀被监护人，乃是天下第一等罪恶。"我们执法的人们，要依法执法，才能更好地保护未成年人的权利。

法律呵护未来

◎ 温江区第二中学　周昊彬
◎ 指导教师　易　巧

　　"水归器内，各现方圆。"国家的正常运作，必须有法律的保障。法律就是秩序，好的秩序才能营造和谐美好的生活。何谓法？法者，民之命也，为治之本。法为什么是"氵"，其含义就是平之若水，法就要像水那样平，那样公正。国家离不开法律，更何况我们的学校呢？学校是培养祖国花朵的地方，花朵离不开法律的呵护。

　　从1949年新中国成立之初《共同纲领》的制定，到1954年我国第一部宪法的颁布，再到2004年宪法的第四次修正，我国的法律体系在不断地完善，逐步全面实现依法治国。构建法治校园也是推进依法治国这个基本方略的重要组成部分。法律是学校正常运行的基石。学校，是一个传授知识的神圣殿堂；学校，是莘莘学子求学的地方。学生就像嫩叶，没有呵护就会凋零。我们对社会的认知很浅，一不小心就会误入歧途。所以学校需要法律，法律是对善的保护，是对恶的惩处，有了法律的呵护，未来的校园才会开出美丽的花朵，未来的祖国才会到处鲜花盛开。

　　我们沐浴在法治社会中，我们受到法律的保护，我们才可以安定学习。近年来，连续曝光的校园暴力事件很是令人吃惊。真让人感慨不已！血淋淋的教训，刺痛着我们的心。他们究竟怎么了？为什么会这样做？难道他们忘记了法律的存在？是的，他们极力挣脱法的束缚，对法律不屑一顾，他们没有意识到犯法后的严重后果。美丽的校园呼唤法律，激扬的青春呼唤法律。其实法律就在我们身边，学校经常进行法治宣传。或是一堂生动的班会课，或是展览一些图片，或是邀请警察做讲座……希望误入歧途的花朵们，可以警醒，不再重蹈过去的错误。

　　法律是公正的，是威严的，"法，国之权衡也，时之准绳也"。法律与我们为伴，与校园同行。法律保证学校的安全和正常运行。作为青少年的我们，就更应该做到遵纪守法。每一个人都要身体力行，做一个懂法、守法的合格学生。法律与我们为伴，与校园同行。我们在法治的呵护和陪同下健康成长，未来中华民族伟大复兴的中国梦必将实现。

● 家长感言：

　　通过孩子的写作，我由衷地感到孩子长大了，凡事有了自己的思想和观点，并且对法律也有了自己的认知，懂得法律的束缚就不会放纵自己的行为。学校在传授给孩子知识的同时，将法律讲堂及时的带进了校园，让孩子懂得约束自己和保护自己。

● 老师评语：

　　教书育人是每一个教师的职责，在从教事业的路上，更多的是关注对孩子知识的传授，但是现实教育中问题孩子的更多出现，让我在不断地反思，教育孩子公平、正义、良知的时候，是否缺少了法律的传授，学校更应该教育孩子懂法、守法，懂得约束和保护，让青少年在法治的陪同下健康成长。

法律社会与人情社会

◎ 成都十七中学　何彦霖
◎ 指导教师　刘　斌　杜文苑

　　古话说得好，"没有规矩，不成方圆"。是的，为了整个社会能够在良好的秩序下发展，法律是我们必须去遵守的一份与社会的协议。但中国历来都是追求人情社会的国家，这是否与法律社会形成冲突了呢？其实不然，法律社会与人情社会是可以共存的两个"非空集合"。

　　远在春秋时期，孔子就曾与叶公就此问题展开过激烈的争论。

　　叶公对孔子说："吾党有直躬者，其父攘羊，而子证之。"意思是，我的家乡有个正直的人，他的父亲偷了人家的羊，他告发了父亲。孔子却说："吾党之直者异于是，父为子隐，子为父隐，直在其中。"意思是说，我家乡有个正直的人：父亲为儿子隐瞒，儿子为父亲隐瞒。孔子主张的是"情"至上，而叶公更侧重于法律至上。

　　这样的争论就算放在几千年后的今天也不会有结论，但有没有可以兼并这两者的情况呢？我认为答案是可能的。

　　几年前在上海，一位高考考生因为自行车坏了，未能准时赶到考场，迟到了两分钟。考场工作人员以有规定为由，拒绝该考生入场。不管考生妈妈如何向工作人员求情甚至下跪，都不起作用。最终被逼急了的考生想要翻墙进入考场，依旧没能成功。这则新闻给了社会以反思，在这样类似的情况之下，我们到底应该处于人情而放考生入场圆他的大学梦，还是出于对规则的保护而将考生拒之于考场之外呢？我觉得规矩本身就是由我们自己制定的，在合情合理之处进行适当的包容与修改为什么不行呢?

去年我看到了这样一幕场景:

同样是高考日,全市为高考生们专门开辟了快捷通道,民警热心地帮助考生准时参考,考场工作人员对于迟到考生也采取了适度的包容。没有了家长下跪求饶,没有了考生翻墙,取而代之的是整个社会对于这些考生无声的帮助支持。法律本身就是建立在人情的基础上的,若在法律的基础上再与人情相结合,这份情与法的统一对社会发展的推进作用将得以淋漓尽致的体现。

我们要用数学的方式来将法律社会与人情社会取得并集,于是那冰冷的法律条款被我们注以血红的能量。同时我们要将这份和谐的社会制度推向世界,用英语的方式向世界喊出:"Let the human society be Compatible with Law"!

● 家长感言:

法的制定,必然要具有人情味。之所以有时显得让人难以接受,是因为少数人的行为超出了法的规范,这时就希望法情相融。可否法情相融,得视情形而论。

希望孩子继续努力,勤思考、多读书,引古论今,博学多才!

● 老师评语:

小何同学引经据典,以古代典籍观照现实生活,论证充分。"法律社会"与"人情社会"结合的呼吁,更是与"和谐社会"的主旋律和谐共振,实为一篇传递正能量的文章。

学法用法，法育未来

◎ 西南交通大学附属中学　何诗蕾
◎ 指导教师　徐　葵

何为法？司马光《资治通鉴》云："法者天下之公器，惟善持法者，亲疏如一，无所不行，则人莫敢有所恃而犯之也。"法律，就是一系列的规则。

《吕氏春秋》亦云："治国无法则乱。""欲知平直，则必准绳；欲知方圆，则必规矩。"可见，法治正是秦国一统中国之利器！

然而，不曾想，"我爸是李刚"事件成了令人哭笑不得的"坑爹"笑话，后又有复旦博士投毒案……形形色色的未成年人犯罪事件层出不穷。

更有甚者，近日，安徽怀远县火星小学，一个仅7个孩子的班级里，竟发生了一名副班长利用监督背书过关的权力，勒索钱财，甚至逼不给钱同学喝尿的极度恶性事件。更令人发指的是，这样的敲诈勒索时间跨度居然从二年级到六年级长达5年之久。这可是发生在承载着未来梦想、被誉为祖国花朵的小学生身上啊！

那么在长达5年过程中，到底是谁做错了？谁该负责？我们对孩子的成长教育发生了怎样的严重问题？

改革开放30多年来，我国制定和通过了300多条法律，以及4000多项地方性法规，一切数字似乎都在说明立法不可谓不勤。但是，违法犯罪的事情却依然接连不断，特别是未成年人的犯罪数量依然高居不下，可见我们中小学生的成长教育真的出现了极大的偏差，陷入了以升学率为唯一指针的极度功利的教育陷阱里！尽管各年级均开设了包含学法用法内容的德育课，但实际上大多被边缘化，并没有得到真正重视，学生依法做人的基本价值理念更远未在教育中得到灌输和弘扬。

频发的校园事件不正是对轻视法律教育者的当头棒喝：法律教育的价值又岂是一般学科能同日而语？试想，一个连"人"都不会做，整天违法乱纪的学生，哪怕其他学业成绩再好，于社会于未来岂不也只起反作用？因此，尽快在中小学以正式法律课的形式开展学法用法教育，高擎法律这把"看得见的正义之剑"已经到了刻不容缓的地步。

法律，是公平正义的化身，神圣无比！

孩子，是中华民族的未来，鹏程万里！

唯有用法律这"天下之公器"，法育未来，未来的天空才会驱散迷雾，迎来真正的纯净和明朗！

● **家长感言**：

古训凿凿，亲疏如一，法大于天。曾几何时，权钱当道，法器蒙尘。"小学逼喝尿""复旦抄袭门"，山村小学，学术殿堂，法之防线，空前无视，可悲可叹！学法用法，任重道远！法育未来，圆梦中华！

● **老师评语**：

行文流畅有条理，识见颇多能达意。读罢此文，感触颇多。频发的各种校园恶性事件中，其主角大多曾是现行标准下的好学生，他们种下的恶果正说明了法治教育的缺失。可见，教会学子是关键，法育未来正当时！

法律，人性之歌

◎ 龙泉驿区第一中学　刘梦雨
◎ 指导教师　杨文志

　　我们如起风时，那飘舞在天际的风筝，法律是系在我们身上，约束着我们、牵引着我们的绳索，它给了我们稳定环境下相对的自由。

—— 题记

　　国有国法，家有家规。那法律是什么呢？浅显地看：它是社会中人与人之间关系的规范。可以说，法律在一定程度上，给了我们稳定的环境与相对的自由，这也表示我们既有权利，也有义务。

　　从大的方面看，我国国法。国法乃一国之法律规定，任何人都没有超越它的特权。法律，人性之歌。新中国成立后，人人平等的法则出现，新中国为我们唱响了人性之歌；平等与公正，和平与统一。现如今，经过历史潮流的洗礼，我国国法愈发焕出新的生机，为我们奏响了新的乐章。

　　从小的方面看，自家家法。家是爱的汇聚港湾。爸妈因为对我们的爱才会制定各种家规，这些看似是约束，像一条绳索般禁锢了某些我们想要做的。我们起初会不理解，会反对。还记得我读幼儿园，需要独自一个人去面对世界时，我们家便有了家规。有了门禁，有了吃饭时不许看电视，有了每周为爸妈做一件小事，有了与家中弟妹和平相处，有了做错事要勇于承担认错，有了……虽说是约束之法，但处处见爱与关怀。

　　家法虽小，却有大爱；国法虽大，仍有关怀。国有国法，家有家法，但都充满了爱与正能量；法有国法，法有家法，虽是约束，但都充满了爱与真情。

溯其源：法者，人性之歌。人性本质为善。正因为我们追求和平，厌恶战争，所以我们才需要一个由法治构建的社会；正因为我们向往公平，反对欺压，所以我们才有惩恶扬善的法律，有法律，才有平等；正因为我们拥有良知，厌恶罪恶，所以我们才会积极建设法治社会。

人性之歌需要有人来歌颂传扬，正如我国的法治建设还需深化一样。

我们每一个人，每一个家庭作为这个社会的一员，我们更应该将法律这人性之歌唱遍社会有不公正的地方，我们有责任去宣传法治，维护法律的至高无上，支持国家的法治建设，将国法与家法结合起来，在家做个孝顺懂礼、有责任的孩子，在社会做一个积极进取、守法护法的好公民。

● **家长感言：**

家是小国，国乃大家。国家在推进法治社会建设的同时，我们应将自己的小家建设好，做知法守法护法的好公民，给孩子树立一个好榜样，让孩子在良好的氛围中学会爱家，学会爱国。孩子在成长，国家在发展，社会需要他们。

● **老师评语：**

一花一世界，一叶一菩提。个体的认知映射着社会的文明，和谐的国家离不开公民的遵纪守法。无论学生还是老师，无论孩子还是家长，都应在法治的框架下，尽情绽放自己的美丽，构建社会的和谐，实现中华民族伟大的梦想。

消灭罪恶的武器

◎ 成都市第三十六中学　唐　巧
◎ 指导教师　鲍　滢

法律因罪恶而发展，并且惩办罪恶。

——题记

为何学术界屡有抄袭？对法律，不怀敬畏。为何交通事故频发？对法律，不怀敬畏。为何全球气候变暖？对法律，不怀敬畏。

漠视法律，那么，它将给予你最严厉的惩治。

有多少罪孽就会有多少法律。曾经的蓝天白云，到如今的雾霾弥漫，罪恶挤满了原本干净的社会，抢劫、杀人、滥杀野生动物、环境污染加剧……社会需要法律。

法律是一种强制性秩序。它的形成，意味着交通事故的减少；它的形成，意味着留守儿童生命安全逐渐有了保障；它的形成，意味着老人的生活有了保障；它的形成，意味着贩卖儿童的事件逐渐减少。

法律有铁一样的拳头，它给罪恶予恶果，给善良予美好。班固的《汉书》中就有："法令者，所以抑暴扶弱，欲其难犯而易避也。"傅玄的《傅子》中也有："立善防恶谓之礼，禁非立是谓之法。"法律，是保护人民利益的武器；法律，是保障社会和谐的武器；法律，是惩办世间罪恶的武器。

法律应该是铁的，像铁锁那样。武器越是坚硬，它给予的效果越是强烈。想想那些没有见识过法律的威力的人，他们终将臣服在法律的拳头下。可可西里那些身姿优美的藏羚羊，被恐怖偷猎者盗去了生命，在他们还自喜在金钱中的时候，法律给予了他们重重一击。至此，我们还有幸见到幸存的藏羚羊。

法律所传达的是一种超越暴力、超越权力的声音，它所划定的权利边界虽然无形，却深深地刻画在人们的心灵之中。相信它已经深刻入我们的心。

康德说过："有两种东西，我对它们的思考越是深沉和持久，它们在我心灵中唤起的惊奇和敬畏就会日新月异，不断增长，这就是我头上的星空和心中的道德定律。"那么，头上的星空，需要我们的守护，心中的道德，需要法律的维护。让我们拿起手中法律这一武器，消灭世间的罪恶吧！

● **家长感言：**

罪恶诞生于瞬间，面对罪恶，我们的孩子该怎样面对？这是每位家长心中的疑虑。这次征文活动让孩子知道了法律的威严，让他们学会了保护自我的一种有效手段。面对罪恶，不要畏惧，勇敢拿起法律的武器和它作斗争。

● **老师评语：**

本文由现实生活中的违法现象谈起，追根溯源，表明了违法的危害，遵法的意义，可见小作者思路清晰流畅；文章还引用了古今中外的名言，如班固的《汉书》、傅玄的《傅子》，使得全文的说服力大大增强。

学法用法，知法守法

◎ 成都市第四十四中学　文洪俊
◎ 指导教师　李　志

　　宇宙中的星球，都在按照各自的轨道运行，否则就会发生天体大碰撞；马路上的车辆必须遵守交通规则，不然就会发生交通事故。我们生活在社会上，必然也要受到法律的约束，任何人在任何情况下一旦违反法律，也会被追究法律责任。

　　人们常说，家庭教育是我们的第一堂课，父母是我们的第一任老师。记得班里曾做过一次试验，老师问："如果有人欺负你，你怎么办？"竟然有半数以上的同学回答："打他，跟他拼了。"老师接问："为什么？"那些同学便说："爸爸妈妈告诉我，人在社会上要厉害一些，不能受窝囊气。"我庆幸，我没有生活在那样的家庭里，我庆幸，爸爸妈妈从没用这样不正确的思想教育我。但是，那些同龄人的话仍让我震惊，这正是由于父母不懂法的缘故才导致孩子犯下错误，所以我们要学法用法，用法律来保护自己。

　　前段时间在电视上播放的《今日说法》栏目中，我看到这样一个案例：16岁的中学生小天（化名）因多次被所谓的学校"老大"勒索而不敢向家长说明，终于恼羞成怒，用匕首将其中一人刺死……小天就这样亲手毁了自己的美好前途，小天的失足，让我们为之喟叹，为之惆怅，为之痛心，为之惋惜……但我们能做的，难道真的就只有这些吗？设想一下，如果小天被逼无奈时能用"法"维护自身的权益，这一切悲剧恐怕就不会发生了吧！

　　记得大哲学家苏格拉底说过"守法精神比法律本身重要得多"。对于我们中学生来说，或许我们只是一个正在叩响法律大门的学生，对所谓的法律只略知一二，但，法律对于我们来说不应该一个陌生词了，它引导着我们的生活；引导着我们的学习；引导着我们前进的步伐。作为21世纪的我们，只有学习、掌握必要的法律知识，才能迈好人生的第一步；只有认真学习法，才能在未来做一个知法的人；只有知法，才能成为一个守法的公民；只有守法，才能用法律武器来保护自己的权利，进而借助法律维护他人的权益，维护国家的利益，维护法律至高无上的尊严！　我们只有将法伴随于身，从自己做起，学法、知法，做一个守法、用法的中学生。

● **家长感言**：

　　我家文洪俊通过学法，知道什么事该做，什么事不该做，法律意识明显增强。在生活中，知道用法来捍卫自己的权利，同时也更自律了。在孩子影响下，我也学法，发现自己不懂的地方太多了，法帮我解决了生活中许多的困惑。

● **老师评语**：

　　本学期我校通过各种不同形式，加强对学生的法治宣传教育，不断提高学生的法治意识。其中文洪俊就是积极参与者之一，他通过摆事实讲道理把自身对法的理解和感悟娓娓道来，是一篇有深度的学法、用法文章。

替罪狼

◎ 新津中学　蒋泽坤
◎ 指导教师　李艳玲

看了熊培云先生的《思想国》，知道了一个触目惊心的词语：替罪狼。

一个工厂生产黑心食品，归罪于厂长、老板；一个小偷被抓，一个游客乱刻乱画，一起交通暴力事件，网络上民怨沸腾，对他们喊打喊杀。这些，都是"替罪狼"。

替罪狼本身是狼，曾犯下累累罪过，但它们的罪过并非全该由它们一力承担。

工人们按照上级的意思做黑心食品，没有揭发、抗拒，待曝光以后再撇清自己或揭发上级；小偷小摸、乱涂乱画、暴力打人，固然违法，网民们喊打喊杀、喊剁手，施暴之言，人肉之行，更令人胆寒。难道这些"正义之民"从不犯错？难道那些叫骂国民素质低下之人便道德高尚？

不要让民意绑架了法律，不要因羊儿的愤怒，将所有的罪过推给恶狼。

小煤窑违法开采，煤老板黑心无良，然而为什么屡禁不绝？因为那些煤矿工人找不到别的工作，种地所得又稀少，没有出事的时候并不反对，甚至担心失去这笔收入；等到出了事了，才将所有的责任推到煤老板的身上。下岗煤矿工的出路问题没有得到解决，小煤窑的市场还存在，自然悲剧就不会断绝。

为什么会有替罪狼？

　　人有趋利避害的天性，面对自己的责任和错误，许多人并不会第一时间想到去承认和改正，而是只想到遮掩和逃避。替罪狼的产生就是许多人将应该共同承担的责任集中到了它的身上，且它又的确是首恶，人们心急火燎地将自身的责任甩了个干净，一齐斥责它、恐吓它，叫嚣让它生不如死、不得好死。于是替罪狼带着众人的责任去死了，大家心安了。

　　法律应该是羊儿们坚实的护盾，却不能变成羊儿们的利刃。群众比起宽容，更倾向于惩戒，更容易陷入某种暴戾的情绪，使得社会风气更加激进和狂躁。用法律来进行一次次集体主义的谋杀，极为容易失控。

　　法治精神不仅仅是所谓遵纪守法、严惩凶顽，作为一种精神，它更应该带有一种充满人性光辉的理性。实事求是，认清自己和他人的责任；严于律己，平等待人。它应该带领人们变得更加客观和宽容，而不是因为法律的完善，我们就认为可以用它去惩罚更多的人，可以进行更多的集体性暴力，哪怕对方是一条恶狼。

　　不要让所谓的正义和复仇欲望，滋生我们内心的狭隘和暴戾。

● **家长感言：**

　　孩子的作文给了我很大的教育。法律惩戒的意义在于治病救人，而不是用正义的口号做宣泄暴力。感谢学校的活动。希望让青少年多学习法治知识，认识社会，培养正义感，培养孩子用法律保护自己的能力。

● **老师评语：**

　　这篇作品对社会上的语言暴力、人肉搜索等行为进行了鞭辟入里的分析，有理有据，无异于给人当头棒喝之感。文章结尾的呼吁让作文更具现实意义。

以小窥大论天下：
看"法治"与"人治"

◎ 成都市石室蜀都中学　高文杰
◎ 指导教师　蒋良山

　　虽然我们的国家在现代管理上资历尚浅，但关于"人治"和"法治"的争论却由来已久。"人治"观点认为，有一个英明的人领导，将更有利于国家的稳定和发展；"法治"论则认为，"人治"漏洞太多，甚不可取。

　　我实在太散漫，经常遗失东西。伤透脑筋的家父家母决定制定家规来约束我：再遗失东西，就罚做一天家务。对于家务，我觉得比数学大题更头痛。因而，这一规定对我来说也颇有用。但有一天，母亲的医保卡掉了。由于我是最经常掉东西的人，于是母亲也不曾想，断言道："医保卡是你掉的吧？""不是，我没动过。""胡说！上周你不是拿去买药了么？""可我后来放回去了。""还狡辩！平时你就爱掉，一定是你了。去做家务！"这样我就被迫做了一天家务。但几天后，才发现原来爸爸不小心把医保卡放在他皮包里了。

　　这件事很小，做点儿家务也算不了什么。可是，关键在于，我并没有掉卡呀！母亲只是凭平时的印象，就在无证据的情况下定了我的"罪"。而且，她拥有这样做的权力。更可怕的是，这还在"有法"的情况下！如果不是掉东西，处罚也不是做家务呢？如果是命案呢？是几十亿的财产呢？仅凭这个人平时的表现就定罪，合理吗？定罪人没有约束也就懒得去调查取证，"人治"不就是这样吗？

那些"清官""良吏"并不一定全都聪明过我母亲，那他们的裁决，会一直公正吗？何况天下没有哪种爱超过父母对子女的爱的，哪个官员爱百姓又会超过父母之爱呢？父母"人治"尚不可行，官员尚不及父母，可见"人治"更不可为。而且这还算好情况，假如上台的是一个暴君、战争狂呢？

由此可见，我们要"法治"，不要"人治"。

请各位闭上眼睛，和我一起构想：这是一个没有不公的国度，人人安居乐业；当警察来敲门，人们并不惊慌，因为知道有法律会保护自己；当事故发生，人们不再思考该花多少钱来"打点"，而是去查到底谁犯了法……这是柏拉图笔下的理想国，这是龙应台心中的未来中国。

"法治中国"道路虽然漫长，但这一天并不遥远。到时，神州大地上到处莺歌燕舞，孩子欢声笑语，百姓富足安康！我泱泱华夏，将永远屹立在世界东方！

● 家长感言：

想不到孩子能把家庭生活与法治精神联系起来，这无疑也是对我们家长提出了一个值得关注的课题。

● 老师评语：

本文以小见大，论述精辟。作者以家庭生活为喻，将人治与法治作了生动形象的对比，从而给读者以鲜明的印象和深刻的认识。

高中组

三等奖

不以规矩　不成方圆

◎ 新津县职业高级中学　尹丽娟
◎ 指导教师　胡　旸

　　俗话说"不以规矩，不成方圆"，就是说任何事物都不能缺少束缚它的规则，否则就会方寸大乱。法律就是我们都要遵守的规则。

　　在我们身边，有许多违法犯罪的事迹。有些学生沉迷于LOL（英雄联盟）、穿越火线等网络游戏中，当身上的钱全部花光后，就会想各种办法将罪恶的手伸向身边的人，向未成年人勒索钱财，如果不给则会痛打未成年人，甚至造成人身伤害。有些大人意气用事，自以为是，家庭暴力、酒驾、随意辱骂他人、不尊重公共秩序维护人员……血气上涌生事，从民事行为变为刑事行为。最终都是法网恢恢、疏而不漏，逃不过法律的制裁，严重的还会被判刑。

　　而我，就有一件切身事例。大概去年春节的时候，我们一家人应邀在外聚会。爸爸在当晚喝了许多酒，妈妈十分担忧，一直规劝爸爸不要喝酒，因为还要骑摩托车回家，酒驾很危险。爸爸不顾妈妈的提示，还是一直大喝特喝。我看不下去了，就死缠烂打让爸爸不再喝酒，最后爸爸终于答应我的请求回家。路上，我叫爸爸把安全帽带上，他不听，说热，要吹风。我始终还是说不过他。他带着我骑着车，东摇摇、西晃晃，我整个人都吓坏了，要求下车。于是我坐上了妈妈的电瓶车，而爸爸在前面一直摇摇晃晃地骑车。就在这时，一辆大车直冲过来，爸爸身上一侧的衣服被大车挂住，整个人飞了出去，车子直接侧翻在地，妈妈看到这一幕直接吓哭了，我连忙拨打了120将爸爸送到医院。由于酒后驾驶又没戴安全帽，于是负上法律责任。爸爸吸取了教训，到现在，爸爸每天骑车都会戴安全帽，更加不会酒后驾驶了。

我深深体会到了法律知识的重要性，我一定会好好学习法律知识，并且要宣传法律知识，用法律知识保护自己。让我们的社会、我们的家园更加和谐，更加幸福和温馨。

● **家长感言：**

对于女儿这次的法治活动，我们感到十分开心。孩子转眼成年，在进入社会前学习法律，并且会使用法律保护自己是十分重要的。法律在约束我们同时也会保护我们，希望社会越来越法治。

● **老师评语：**

本文观点表达准确，思路清晰。以实际经历为依据，深刻认识到懂法守法的重要性，这必将对你的未来起到积极作用。

法应在人心

◎ 成都市新都一中城北校区　张茹云
◎ 指导教师　张　雯

没有规矩，不成方圆。

——题记

由古至今，历朝历代，无不制定各项法则用以治理天下。作为一名中华人民共和国的公民，法则，便是作为一位合法公民必须遵守的。

知法是一个公民遵守法律的前提。了解本国的宪法和法律，有利于在心中形成一种意识，用以预知此事的可行性，再判断能否行动。在认真核对过法律章程之后，再决定自己的行动，也叫"三思而后行"。

尊法是一个公民素养高低的体现。我们都生活在法治的约束之下，但同时也生活在法治的庇佑之下。在享受其提供的公共服务之时，我们应做的就是尊重法律，不去侵犯它的权威。

守法是一个公民生活安定的原则。安居乐业的前提是要有一个安定的环境，而一个安定环境的前提便是法治的稳定带来的秩序。社会中不乏犯法分子，那些认为自己敢于挑战法律的人的行为，只能作为反面教材，而我们要做的就是他们的反面——守法。

用法是一个公民参与政治生活积极性的判断标准，法律赋予了我们诸多的公民权利。因此，我们应拿起手中的权利利剑，时刻警惕，一旦遇见违法行为，就果断行驶自己的权利，为维护国家安定出一份力。

没有规矩，不成方圆。在法治当下的今日，将法存于心中，时刻警惕，时刻警醒自我，我认为很有必要。

● **家长感言：**

　　没有规矩，不成方圆。知法是一个公民遵守法律的前提，尊法是一个公民素养高低的体现，守法是一个公民生活安定的原则，用法是一个公民参与政治积极性的判断标准，我们应当知法守法。

● **老师评语：**

　　本文语言简洁明了，开篇以经典俗语"没有规矩，不成方圆"作为题记，直接点题，振聋发聩，不怒自威，且运用大量专业术语，强调法律于国于民的重要性，增强文章的说服力。

用法有道

◎ 成都市经济技术开发区实验中学　马柯名
◎ 指导教师　李昌锐

　　天下之法，用之有道。我们生活在人民当家作主的每天，看着太阳升起时，你是否与我有共同的感叹？共同感叹法律与太阳的光芒可以交织相融并散发出世人赞叹的无比圣洁，感叹它们将光照万物的气势磅礴。我们何以在这个充满着未知与荆棘的时代中健康成长，国家为我们以法护航。

　　在平凡的家庭中，人们拥有维护自身权益的武器——法律。

　　面对家庭暴力，有人将丈夫杀死，有人选择自杀逃离，而有人选择拿起法律的武器。谁将是最后的幸福者？拿起法律武器的人。走进我们生活的环境，来看一桩人与人发生矛盾的案件：案发当晚，王某和他的朋友与老板发生矛盾，在矛盾当时无法调解的情况下，老板选择了报警，警察将在场的人带到派出所。在调解过程中喝醉酒的王某，与警察发生了冲突，后因防碍公务的罪受到法律制裁。老板的做法也充分说明法律可以为我们提供帮助。而当事人王某的做法既给家人带来严重的伤害，更对社会造成了恶劣的影响。法律再一次告诉我们，不能轻视法律，每个公民都应该增强法律意识。同时也要学会用法有道，这样我们的生活不但可以有秩序地进行，我们也可以通过法律寻找最有力的保障。

　　回望我国历史悠久的文献，我们可以发现在很早的时候中国就已经记载着众多古代王朝统治者依法治天下的典型事例，所以我们又不得不惊叹它们的神奇和伟大。宋代苏辙说过"法立于上则俗成于下"。可见无论古今，当人们权益受到侵犯时，都是有法可依的。祖国的大好山河更加瑰丽也是离不开法律的。当今的中国社会也正是因为坚持依法治国，才有着翻天覆地的变化，才有了今天的盛世中国。

自由是法律赋予的。只有遵纪守法才能获得真正的自由。法律是一道光，更是指引人们通向有序的和谐社会的一盏明灯。

相信法律给人们创造的无限美好可能性。让我们用法律构建桃花源般的和谐社会，用法律为这个世界添加一份新的色彩，用法律为社会描绘出一幅更加美丽的画卷。让我们在社会的法治框架中，依法有道、用法有道！

● **家长感言：**

每个人的成长都需要法律的保护，在未成年孩子心中应该存有法律。帮助孩子树立法治意识，引导孩子知法懂法是我们做家长的诸多职责之一。因为法的呵护，孩子健康成长，愿天下父母和孩子多学法、用法。

● **老师评语：**

该生从法的视角阐述了遵法用法的价值和意义，文章虽短，但是文笔细腻有文采，读来轻松并易懂。结尾处用诗意的笔调肯定了法律的社会意义，是一篇呼吁民众守法用法的好文章，因为它叫——用法有道。

与法同行

◎ 青白江区川化中学　韦莉雅
◎ 指导教师　李　艳

　　法国伟大的启蒙思想家卢梭在他的《社会契约论》中言："法律，只不过是我们意志的记录。"十八届四中全会全面推进依法治国，我们生存在一个需要时时讲法、处处讲法的世界。那么什么是法呢？管子说过："法者，天下之仪也，所以决疑而明是非也，百姓所县命也。"通俗一点说，所谓法律就是规范社会的各种行为来明辨是非对错，是百姓生命和财产权利的基本保证。

　　法律走进了我们的生活，我们更应该了解法律。法律是深情的，也是无情的。当你无助时，法律可以帮助你；一旦你与法律背道而驰，自然会受到这位"铁面法官"的惩处。也许你会因中学生稚嫩，还不懂法，更不懂依法守法而片面地认为法律应对我们宽容。那你错了，俗话说"没有规矩，不成方圆"，我们青少年正处在身心发育的特殊时期，对规则、对法律的认识和态度不成熟，法治观念尚未牢固树立，正因为这样才有许多未成年人走上了违法犯罪的道路。由此看来，知法懂法，要从青少年抓起，从我们身边的点点滴滴做起。

　　法律是公正的，我们不应亵渎法律。但法律处在不断完善的过程中，我们永远无法保证绝对的公正，法治栏目上也会经常报道一些冤假错案。最高人民法院院长周强表示"万分之一的错案对当事人来说就是百分之百的不公平"。还记得《肖申克的救赎》中所反映的该国法律制度的不完善：不公平、不公正的法律制度让安迪二十年的青春岁月都埋葬在了这堵高墙之内。主人公安迪对自由的渴望和对自己权利的捍卫，让人久久难忘。但他最终依靠自己的努力重获了自由，法律最终也让他遭受了40年牢狱之灾的朋友终于看到了囚牢外的天空。因此，我们要力求法律的公平公正，决不放过任何一个坏人，也决不冤枉一个好人。

孔子说："道之以政，齐之以刑，民免而无耻；道之以德，齐之以礼，有耻且格。"法律是国家长治久安的保证，是社会安定的重要保障，是人们用来捍卫权利的武器。时代呼唤法律，时代需要法律，法在你我心中！让我们用法律充实自己的思想，约束自己的行为，与法同行！

● **家长感言：**

知荣辱，明是非。"言非法度不出于口，行非公道不萌于心。"少年守法，则国守法。孩子们都应树立以遵纪守法为荣、以违法乱纪为耻的法治观念，端正态度，摆正位置，与法同行。孩子能有这样的认识，幸甚之至！

● **老师评语：**

本文通过名人名言和影片实例来阐述中学生遵纪守法的重要性，有理有据，深入浅出，言简意赅。语言平实而中肯，娓娓道来，引人思考，颇具说服力。

我眼中的法律

◎ 成都市铁路中学　周骏逸
◎ 指导教师　金东清

　　作为一名高中生，也许会有人说我不太了解法律，但我对它有自己的看法。

　　在我心中，法律一直有一种神秘感挥之不去，我看不见它，却时刻能体会它无处不在的力量——法律高于一切。小时候的我对它是敬畏的。

　　随着年轻的增长，阅历和知识得到扩充，我对法律的认识更加清晰和明了，我逐渐意识到：法律不是凭空存在的东西，它很实在，无所不能：面对危险，我能够把它当作自保的武器；面对攻击，我能够把它当作坚固的防护。

　　我也越来越感觉到，充分地掌握它很重要。掌握它，如同拥有一柄利剑，借助它无所不能的力量，不仅可以保护自己，也可以维护公平、维护正义。

　　没有付出就没有回报，法律在给予我权利时赋予我义务——建立在道德底线、社会正常秩序之上的义务。

　　保护总会减少，义务也会更重，因为我越长越大，从一个需要保护的稚童，渐渐独立成为一个有担当、有责任的公民，是法律让我更加成熟。

　　正值青春热血的我，也是正义敢为、豪情万丈的我，面对不公正或是邪恶时肯定会义愤填膺，容不下半点正义的损失，而单枪匹马总还是不够，这时候，能够倚靠不仅仅有家人、老师和社会，更有法律对我——一名懵懂学子——的爱与关怀，它又一次出现在我面前。

坚持法治，是民主化进程有力保障和必不可少的基石。要用正义来阐释法律，用法律来打击违法犯罪，切实保护人民群众的根本利益，维护社会的长治久安。学法、知法、守法是我们中学生必须做到的。

● **家长感言：**

就文笔而言，这篇文章确实稚嫩了一点。不过，能看到他对法律有自己的观点，我还是很欣慰。可以看出，学校在法治教育方面确实下足了功夫，效果也不错。希望孩子在未来的学习和生活中做一个知法、守法的好公民。

● **老师评语：**

学校是对学生法治教育的重要阵地。我常常教育学生，心中永存公平、正义和良知。这些，其实是法律的起点。希望学生能够用法律和道德来规范自己的言行，从自己做起，从小事做起，让社会风气更加清明，让人心更加良善。

法律伴我行

◎ 成都市汽车职业技术学校　陈　燕
◎ 指导教师　黄丽华

　　古人曾说，"国有国法，家有家规"，"不以规矩，不成方圆"，这都说明了法律的重要性。

　　一个国家公民守法的程度是衡量这个国家文明的标志之一。伊拉克、叙利亚、阿富汗等国家常年战乱不断，法律对他们的人民来说是毫无作用的。我们生活在中国这个和平美好的国度，应该知法、守法。而作为一名中职生，我们应该怎么做呢？

　　知法、懂法

　　其实，法律就在我们身边，它像一位隐形的天使，你爱护它，它就会永远保护你；如果你胆敢去侵犯它，它就会惩罚你。

　　有两名职高生，先后在学校、网吧等地作案，共抢劫现金200多元，两人因以暴力的手段胁迫他人获取财物，他们的行为已经触犯了刑法，构成了抢劫罪。当警车呼啸而来的时候，他们竟茫然不知所措。

　　这个案例告诉我们：如今中职生的法律意识太淡薄，觉得犯法的事离自己很遥远，其实不然。

　　近几年有很多关于幼儿老师虐童的报道，面对这样的新闻，太多人的心被刺痛了，作为一名学前教育专业的学生，我感到无比的愤怒。他们管理不好自己的情绪，却拿无辜的孩子当出气筒。法网恢恢，疏而不漏。这也给我们这些未来的幼儿教师以警示，除了学习专业知识，还要努力提升自己的职业素养，增强法治意识。

守法、用法

中职生不仅要知法、懂法，还应该学会运用法律武器来保护自己。

大学生曾某的手机被盗，有人说是王某所为，得知此消息后曾某便去质问，王某拒不承认，两人当场就扭打起来，随后王某被送进了医院。虽然最终查实手机的确是王某所偷，但是，曾某却不得不为王某支付医药费。

中职生张某和刘某是好朋友，张某向刘某借了人民币500元，后两人关系闹僵。张某不承认借了刘某的钱，刘某一气之下就将其杀害了。

这些案例让我明白了运用法律的重要性。当别人侵犯了你的合法权益时，你应该利用法律武器来保护自己，遇到突发状况我们要沉着冷静。相信法律面前人人平等，谁触犯了法律，就一定会受到法律的制裁。

法律就在我们的身边，伴着我们一起成长，我们中职生应该知法、懂法，并且守法、用法，时时处处做到心中有法。

● **家长感言：**

平时我们一家人就很喜欢看法治频道，看到精彩处，还常常展开辩论，没想到，这样的方式竟然让法律意识深深地植根于孩子的心中。当然，孩子健康成长也跟学校和老师的辛勤付出是分不开的，在此，我真诚地说一声：谢谢！

● **老师评语：**

此文最大的亮点是选材贴切，语言流畅，结构清晰。开篇引用古语点出法律的重要性，然后通过对比指出应该遵守法律，再联系自身提出中职生应该怎么做，通过小标题从两部分展开，夹叙夹议，最后收束全篇，照应开头并点题。全文有理有据，具有较强的说服力。

法律进校园

◎ 成都市温江第二中学　伍怡霞
◎ 指导老师　易　巧

　　亚里士多德曾说："法治比任何一个人的统治都来得更好。"中华民族上下五千年的辉煌，法治如同一块屹立不倒的石碑，走过历代风雨，见证着悠久灿烂的文明。古有秦国之强盛、唐朝之繁荣，都离不开"依法治国"。依法治国犹如初升的太阳，照耀着法治盛行的中国。

　　百年大计，教育为本。在全面建成法治社会的背景下，学校对学生的法治教育显得格外重要。人生好比是一场单程旅行，岔路弯路比比皆是。当你面临着分岔路时，你将如何抉择？许多不明是非的人们误入歧途，踏上了一条不归路，以致抱憾终生。而青少年最容易失足，他们明辨是非能力差，自控能力弱，法律意识淡薄，容易受社会不良习气的影响。根据《中华人民共和国未成年保护法》的要求，法律对18周岁以下的青少年进行保护。而正因如此，许多青少年拿此当作免死金牌，无视法律，在社会中"横行霸道"，影响社会风气，而法律或许会为你生命买单，但你的青春也将为此付出代价。我们不仅要扪心自问了：为什么会出现这样的情况呢？思前想后应该有以下的原因吧！一方面家长的管教不严；另一方面学校缺乏对学生的法治教育，这样青少年法律意识就很薄弱。

　　还记得那个从小到大都品学兼优的马加爵吗？因为一些争执，同学指责他人品不好，他便发疯似的连杀四人，之前默默无闻的一个人在一瞬间变身人间恶魔。生命可以是天使，也可以是魔鬼。由此可见，如果学校只注重智育而轻德育的话，结果就是青少年对待法律无知，缺乏理性，一点小事就会酿成大祸。看着这一个个惨痛的案例，不知还会有多少生命上演悲剧。血一样的教训深深刺痛了我们的心——学生缺乏法律意识，后果多么严重。这样血淋淋的教训警示我们：法律进校园，刻不容缓！

我们要构建和谐的法治社会，人人都有不可推卸的责任。而我们正值青春年少，更应该做好。"少年强，则国强。"学校给予我们正确的引导，我们就应该做到自尊、自重、自强、自爱，必须知法、懂法、守法，做一名合格的公民。

法律进校园，构建和谐社会，指日可待。

● **家长感言：**

我很欣慰的是能从女儿的这篇作文中，看到她对法律已经有了一定的了解与认识。在生活中，我们家长没有怎么对孩子进行法治知识方面的指导，所以我常常担心孩子长大后会因为法治知识的欠缺从而受到不必要的伤害。读了孩子的这篇作文后，我心中的大石头也落了地，可以看出学校在法治知识的教育上是用了心的。希望在孩子今后的学习生活中能做到知法懂法，在法律的指导下向前走。

● **老师评语：**

每当看见正值青春好时光的学生，触犯了法律，竟表示并不知道自己犯法了的时候，我们倍感痛心。青少年法律意识的淡薄，这也让我们教师深感自己肩上的责任。现在国家社会都非常重视普及法律知识，学校也加入了普法队伍。学校有了自己的法治校长，定期开展法治讲座，校园里也有许多法治知识的宣传栏，让学生了解法律，从而做一名守法的好学生。希望所有的学校都行动起来，让法律伴随着莘莘学子的成长。

道似无情亦有情

◎ 成都市玉林中学　袁润镛
◎ 指导教师　朱娴珍

　　法治不议，则民不相私。——《管子·法禁》

　　殷墟的尘土渗进了那些龟甲兽骨上的刻划，卫鞅亡魏入秦，车裂而终；晋李离因错判人死刑，以死护法；汉高祖与众约法三章，违者必斩。法律，见证着华夏大地五千年的沧海桑田——不止是见证，它影响并改变着一切。

　　这份施加在每个人身上沉重的限制，同时也如甲胄般给予我们多情的庇护，不受其限制的人也注定不受其保护。法律是一份沉重的责任。公元前480年，波斯帝国越过达达尼尔海峡，以五十万大军进犯希腊，斯巴达国王列奥尼达斯敏锐地意识到温泉关将是决定胜负的关键。然而，斯巴达的法律规定国家大事必须征求祭司的意见，祭司的答复是不得出兵温泉关，国王只好自己带领三百侍从在温泉关顽强抵抗波斯军，全部战死。列奥尼达斯身为国王，也不得不向法律低头，用生命向世人作出了最好的表率。

　　为了完成这份人类从褪去獠牙那一刻起便从未停止过为之奋斗的目标——人人生而平等，无数好汉前仆后继，不惜以血濡衽，心腑俱焚。这一切都需借助苍幕之下最强大的武器：法律。陈可辛的影片《投名状》中，李连杰饰演的一名被招安的太平军将领命左右斩两个欺凌降城百姓的兄弟，众人不住地劝他，最终土地上还是多了两抹猩红。那坚定的目光，那白晃晃的刀子，让我想到，多少屡战不败的将领们的成功，奠基于这斩下去的一刀。诸葛亮斩马谡，袁崇焕斩毛文龙，曾国藩斩金松龄，斩谁不重要，重要的是犯法者必见刑，这样的无情军法才能威慑众人，这样建立的政权才能稳固，这样的社会才是平等的社会。无论战与和，王子与庶民同罪，这都是立法的核心信条，顺者得人心，违者失人心，亘古不变。

社会安定需要社会成员们的自律来维护，更需要法律制度来约束。原浙江省建设厅副厅长杨秀珠涉嫌贪污两亿巨款，于2003年外逃，当她被美方羁押听候被遣送回中国之时也是满腹的悔恨。然而法律只会在我们头顶冷冷地看着，不会动情。

走过了千万年，如一尊铜铸，法律无声地矗立。

● **家长感言：**

温家宝总理有一句名言："公平正义比太阳还要有光辉。"法律的公平与正义就体现在"人人生而平等"，就算是舆论和道德，也没有权利凌驾于法律之上。一个国家，只有法律光辉透明了，民众才能满足幸福。

● **老师评语：**

本文旁征博引，古今中外八个典例，加上影视作品中的一个事例，翔实而又有力地证明了"人人必须守法"的观点；事例详略得当，略写的例子构成排比，增加了文采；既有厚重的历史感和丰富的文化底蕴，又不乏现实意义。

法治与生活

◎ 新津县华润高中　熊　瑛
◎ 指导教师　张兴淑

　　海水的汪洋恣肆是因为堤岸为它提供了长长的河道，同时，堤岸也约束着海水的流动；飞鸟的自由飞翔是因为天空提供了广阔的蓝天，同时，天空也控制着飞鸟的飞翔；人们的幸福生活是因为法律为我们提供了和平的世界，同时，法律也制约着人们的生活……

　　"没有规矩不成方圆"，我们应该尊重法律，自觉维护法律，同时享受法律带给我们的利益。

　　尊重法律并不仅仅指"不做违法的事"，而是需要我们从内心深处真正地"敬畏法律"。一位母亲曾在信中告诉儿子："法律不是我们的必需品，却是我们的必须品。"

　　或许它并不是我们生活中真正需要的，但它却是我们正常生活的必须品。尊重法律就是从精神上尊重自己的生活。

　　法律不是一排排虚无缥缈的文字，它需要所有的人去维护它。公共场合不抽烟，排队乘车不拥挤，随手拾起地上的垃圾……这一件件小事都在维护法律。法律没有手和脚，它无法禁锢着人们去做不应该做的事。但它却是人们的生活指引，指引着我们走向准确、幸福的人生之路。

　　法律制约着人们的生活，也为人们的生活提供了最基本的保障。九年义务教育、老年人社会保障金、残疾人抚恤金等，每一条都在保障着人们的生活，都是为提高人民的生活水平而诞生。

法律贯穿在我们的学习和工作中。只有在内心尊重法律、自觉维护法律才能让法律发挥作用，使我们的生活更加多彩幸福。

● **家长感言：**

　　法律如同空气一般围绕在我们身边。因为法律法规的存在，我们的权利才得到了应有的保障，社会才稳定和谐。用孩子的话说，法由心成，才是最好的守法。

● **老师评语：**

　　全文结构安排合理，观点表达准确，思路清晰，语言流畅，论证方法也较合理。

法，是万物的尺度

◎ 成都市玉林中学　张　乐
◎ 指导教师　薛　雪

　　法者，天下之程式也，万事之仪表也。 ——《管子》

　　康德说：世界上唯有两样东西能让我们的内心受到深深的震撼，一是我们头顶上灿烂的星空，一是我们内心尊重的道德法则。星空因其遥远而浪漫神秘，法则因其实在而庄严神圣。

　　法治是一个国家文明的体现。1994年，美国青年费依酒后在新加坡闹事——把油漆倒在别人的汽车上。新加坡地方法院依法判处他抽打6鞭和监禁4个月，并罚款3500新元。美国总统克林顿亲自为他求情免除鞭刑；费依母亲拿着数千名美、英、法国人签名的请愿书，以求免刑；美国舆论界更是大加干涉。面对种种压力，新加坡态度十分坚决：新加坡有自己的社会秩序，任何人都必须受同一法律的约束。法院最终维持原判，考虑到外交邦国的关系，仅免2鞭。有法可依，执法必严，不正是保障新加坡快速发展的强力防火墙吗？

　　成为法律的奴隶，是为了能够保有自由。隋文帝的儿子秦王俊做并州总管时，因荒淫纵乐被免去官职。宰相杨素奏禀道："秦王俊是你的爱子，就请饶了他这一次吧。"文帝回答说："法律不可违犯，假如你这么说，那我就只是儿子的父亲，而不是天下人的君王。我怎能够损害法律的尊严呢？"最终没答应杨素的求情。倘若苟顺私情，则社会秩序土崩瓦解，平等也随之荡然无存。法治下的平等，是最大的平等。

　　其身正，不令而行；其身不正，虽令不从。戚继光是明代著名抗倭将领，他带领的军队英勇无比，令敌人闻风丧胆。戚家军之所以有如此之战斗力，与治军严明分不开，有令必行，有禁则止。即使是戚继光的舅舅犯了军纪也不得不接受处罚。上行下效，因而达到了"疾如风，徐如林，侵掠如火，不动如山"的军队境界。一支队伍必须纪律严明才能剑锋指处，所向披靡，一个民族必须捍卫法律方能屹立于世界民族之林。

法，是万物的尺度。"人是万物的尺度"本是古希腊哲学家普罗泰戈拉的认知哲学的表达，代表了他对人性的尊重和价值追求。如今却蜕变为实用主义和利己主义为所欲为的遮羞布。人最大的尺度建立在法的前提上。万物皆有其法，法是万物的尺度。

孙中山先生说："无法治便无以立国，无法治便无从固国立民。"有法可依、有法必依、执法必严、违法必究是法治的核心。法，是万物发展的依据；法治，是国家稳固的根基。国因法律而昌，法律因人而贵！

● **家长感言：**

法治是一面金色的盾牌，维护着国家的稳定，守护着那万家灯火；法治是一柄长枪，打击着社会的不稳定因素，惩治着心灵黑暗的一面。所以让法律伴我们而行，明天必将更加美好。

● **老师评语：**

文章立意将古希腊哲学家普罗泰戈拉"人是万物的尺度"改为"法是万物的尺度"，体现了在现代社会中"法治"的重要性；事例贯穿古今中外，议论有理有据，从中我们可以感受到作者对依法治国的深刻认识。

猛虎与蔷薇

◎ 成都市华西中学　罗　琪
◎ 指导教师　张文嘉

　　猛虎与蔷薇，这两种相对的本质，但同时却又表现出那两种本质的调和。正如法律与人性。如余光中所说，一只真正的猛虎应该能充分地欣赏蔷薇，而一朵真正的蔷薇也应该能充分地尊敬猛虎。

　　法律如猛虎，蔷薇如人性，只有当二者真正相依相存、休戚与共，才有猛虎嗅蔷薇的完美境界。

　　然而在面对着200多人的拆迁队伍，山西朔城吴学文却采取最激烈的行为抵抗强拆。刀锋染血，吞噬了两条人命。

　　第二天，警方传出消息，吴的妻子前一天晚上在接受讯问时死亡。

　　吴学文家中只剩下双腿残疾的小儿子。而已故的纠察队队长钟伟的大儿子几年前因白血病身故。

　　在这场战争中，没有胜者。

　　强拆违法，杀人违法，当执法者成了罪犯以及死者，平民成了受害者与杀人犯。人性与规则，法律如何决断？

　　但正如它所承诺的：任何组织或者个人都不得有超越法律的特权。山西省政府得到严惩，无一例外。

　　法是什么？韩非子说，法是不受任何人约束的王权；贝卡利亚说，法律是公民的影子。人性是火光，它照亮人类的孤独，但同时它也是微弱的，在广袤的世界里，法律是它的堡垒，严防死守中，光亮才得以延续。相对来说，越是强大的法越能成就人性最灿烂的光辉。

托·富勒言"人类受制于法律，法律受制于情理"，法律由人制定，它高于社会舆论，但同时，它也来源于人性道德。

如康德所言："有两样东西，使我心灵永远敬畏：我头上的星空和我心中的道德法则。"当我们心中拥有名为法律的神圣道德观，我们将不会再有强拆、贩毒、拐卖，我们将不会再有下一个"小悦悦"，我们会因为内心道德而去行正义之事，我们会因为懂法知法而勇往直前，无所畏惧。

正是因为法律，人性才得以自由。

爱是相互的，法律也是。

它们同时存在，并行于世，每个人心中的道德准则是不同的，但在不同中，却有着名为法律的大同。

当猛虎细嗅蔷薇，强硬成为了柔情的守护，微弱呐喊也会变得勇敢起来。而我们始终坚信，法治撑起的穹庐，将由我们共同点燃最辉煌的光亮。

● 家长感言：

法为治国之本。作为孩子的直接影响人，我们教会他的第一件事，是如何规范自己的行为，如何成为一个真正的人。法律与人性永远是我们教育的根本意义。孩子是家与国的未来，只有知法懂法守法，未来才会真正的拥有希望。

● 老师评语：

"In me the tiger'sniffs the rose."（心有猛虎，细嗅蔷薇）是英国诗人萨松的不朽警句，作者用它喻指法律与人性，见解独到，比喻新奇。文章条分缕析，援引丰富，既有拆迁和"小悦悦"之例，又有托·富与康德之言，阐释详尽，引人深思。

小家不法　何以法国

◎ 成都市华阳中学　侯佳欣
◎ 指导教师　葛琴英

俗话说："没有规矩，不成方圆。"一个国家，没有法律，何以立国？

法治家庭是近几年出现的流行词，社会竞争激烈，商品经济带动社会发展的同时也带来了功利意识，家长望子成龙心切，不免过分注重孩子的智育而忽略了德育法育，对未成年人的成长造成伤害。家是我们避风的港湾，作为家庭引导者的家长应如何创造一个法治的环境呢？

想要教好孩子，重要的就在于创造一个有助于孩子成长的环境，也许父母就是最重要的"环境"。昔有孟母三迁，而在物欲横流的今天，就应该打造出法治家庭环境。父母教育孩子的过程，也是自身不断感悟和学习的过程。身教重于言传，要在一个家庭建立好法治教育的前提是家长先拥有法治意识，在日常生活中做到知法、懂法、用法、护法。黑格尔说："法律的真理知识，来自于立法者的教养。"那么对于法律的执行维护，不就应该来自于守法者的教养吗？

《爱的教育》中有这样一个故事：小男孩从别人家里偷来了自己喜欢的东西，他的母亲非但没有批评他还夸他做得好。周而复始，他偷的东西越来越多，价值越来越大。他长大了，成了个帅气的小伙子，却在一次作案中不幸被捕。法庭判他以死刑，行刑前，他对他的母亲说，想要再尝一尝曾用来哺育他的乳汁，他的母亲最后一次用爱纵容了她的儿子，却被儿子一口咬掉了乳头。故事到这里，我们都知道这个青年是怨恨他的母亲的，造成他今天的下场的原因是母亲的纵容、过分的宠爱。但，母亲爱自己的儿子，有错吗？没错，只是爱的方式不对。在家庭中，父母充当的是引导者的角色，只有父母扮好了这个角色，孩子才能受到良好的法治教育。往往滔天的罪行都是从不良行为的幼苗发育而来，我们建立法治家庭，就是将罪恶扼杀在摇篮里，只有这样，家庭才能和谐，国家才能稳中求进。

小家不法，何以法国？我们共同建立各自的法治家庭，社会主义核心价值观才能在整个国家得以体现。

● **家长感言：**

看了孩子的文章，我深深地意识到了法治教育的重要性。家长应关注对孩子的德育、法育，成才先成人，让孩子从小学会懂法、守法、用法，对法律保有敬畏之心，才能对创建和谐社会做出自己的贡献。

● **老师评语：**

学法用法，法育未来。青少年的成长，需要学校、家庭、社会多方的呵护与关爱，让孩子明白自己作为文明、法治社会一分子应有的责任与担当，学法、懂法、守法、用法，做法律的坚决执行者、维护者。

法治满校园，和谐溢神州

◎ 龙泉驿区第一中学校　肖丽薇
◎ 指导教师　周能秀

山中清流，潺潺不息，奔流而下，乃因山凹疏导之功也；石间野草，兀然而上，百折不挠，乃是石缝引导之劳也。

五千年悠久灿烂文明，法治如一朵奇葩，傲然挺立于中华文明的历史长河中，走过汉唐风雨，走过宋韵之声，在风起云涌的历史烟云中回荡。商鞅明法令而强秦国，太宗减刑法乃成盛世。在中国这样人治盛行的国家，法治如何瑰丽。

中国古人云：十年树木，百年树人。而今百年大计，教育为本。在全社会努力构建和谐社会的今天，对学生进行法治教育显得如此重要。人生会面临许多选择，当你正处于十字路口不知该何去何从时，你将做出如何选择？在现实生活中，有许多人不能明辨是非而选错了道路，使自己后悔一生，尤其是我们青少年。

《中华人民共和国未成年人保护法》对未满18周岁的青少年进行保护。于是，就出现了年少轻狂的人们拿着法律赋予自己的免死金牌，用来填补冲动的过错。凭着法律的庇佑，他们无所顾忌，年轻的心被逐渐扭曲。法律或许会为你的生命买单，但你的青春终将付出代价。

几声枪响不经意间打破校园的宁静。美国、芬兰等校园内枪击事件不断发生，而酿成悲剧的皆为一些在校学生。因为一些口角，因遭人歧视，因为无人关心，狂妄的人被激怒。最终，扣响罪恶的扳机，如花的生命便瞬间凋零。血的教训告诉我们：法治进校园，刻不容缓！你可还记得马加爵，这个平日里默默无闻的人，转瞬成了恶魔！凶念燃起的一刻，他已逾越了法律的界限。生命有时可以是天使，也可以是魔鬼！

青春有悸动如梦，也有冲动的梦。我们的情绪喜怒无常，若不加以正确引导，往往会后悔终生。对法律的认识，若断章取义、以偏概全，则是莫大的悲哀。

我们有必要反省我们的社会，我们大家该为他们承担什么？我们懂法而不知用法，不懂带动同学学法，我们的社会有法而缺乏对大众的灌输。罪恶之后，每个漠视法治的人都有一份不可推卸的责任！

法，是纪律的"五指山"。我们青少年必须自尊、自重、自强、自爱，必须知法、懂法、用法，做一名合格的公民，为构建法治校园、和谐校园而努力！

● 家长感言：

　　知法、懂法、用法是每个公民应该做的，全面发展时也不要忘记培养孩子的法治观念。青少年是国家的未来，而培养青少年法治意识，树立法治道德观念是社会义不容辞的责任，也是家长必须引导孩子前进的方向。

● 老师评语：

　　青少年正处于躁动叛逆的青春期，而灌注法治意识则像是扳正树苗歪倾向的斧头，及时清除病瘤，斩断斜枝歪苗，接收正直积极的洗礼，沐浴法治道德的光辉，才能让学生健康发展，成为法治建设路上坚决的捍卫者。

小议个人价值观与法律

◎ 蒲江县蒲江中学　刘月月
◎ 指导教师　杨　鸿

建立良好的社会秩序需要必要的法律约束，培养良好的个人价值观也需要必要的法律作为其准绳。

最近，"碰瓷"仿佛成了人们茶余饭后的谈资。那么"碰瓷"究竟是什么意思呢？原来"碰瓷"属于北京方言，泛指一些投机取巧、敲诈勒索的行为。

社会在发展，各种各样的或好或坏的事情都会发生。"碰瓷"这一不良现象虽也时有发生，但却在最近掀起了狂澜。起初，人们对于"碰瓷"一词的关注是来源于彭宇案。2006年，热心肠的彭宇见一位老人摔倒在地，便将其扶起，并与随后赶来的家属一起将老人送往医院，但在事后不久，即2007年1月12日，这位摔倒老人便将彭宇告上了法庭，指控彭宇将自己推倒并要求其赔偿近十四万元的费用。此事件迅速在网络发酵传播，更是被称为社会道德沦丧的标志性事件。随着彭宇案影响的不断扩大，该类"碰瓷"事件便频繁曝光：2013年6月15日，四川达州城区的三位孩子将摔倒老人扶起后，却被诬陷；无独有偶，同年11月21日在汕头也发生了一起同类事件；而仅隔一天，在成都高新区便又发生了倒地老人向车主索取钱财的"碰瓷"案件。

不难看出以上"碰瓷"的"成功"，是违法犯罪分子个人价值观扭曲，一味追求私利，利用人们的善良的心灵以及对社会道德的信任和对社会责任的担当，不惜以违法犯罪行为作为代价来牟取私利。这不仅反映了人性的贪婪，更折射出了社会无法承受的道德契约沦丧之痛。

那么对于此类"碰瓷"事件，又应如何防范呢？于个人而言，我们首先就得有一个良好的法律意识，学会保护自己又合理救助他人；其次要以法律为准绳，培养正确的是非观、价值观；于国家而言，应建立健全法律监管体系，加强法律监管力度，对"碰瓷"行为进行严厉的打击，弘扬社会正气，维护法律尊严。

当今社会是一个法治社会，事事讲法，处处依法，一个人良好的价值观的养成必然依赖于对法律的敬畏之心，只有这样才能真正构建起人人遵守社会公德与和谐诚信的社会环境。

● 家长感言：

面对当前部分青少年法律和纪律观念淡薄、自我保护意识和能力不强、青少年违法犯罪呈低龄化趋势的现状，进一步加强青少年法治教育已成为当务之急。希望全社会都联动起来，为青少年的健康成长保驾护航。

● 老师评语：

"碰瓷"是可耻的，遭遇"碰瓷"又是"欲哭无泪"的。但真相只有一个，善良必将战胜邪恶。少年强则国强。学校、社会有必要引导学生树立正确的社会价值观、法治观，在遇到社会一些不良现象的时候要有主见，有正义；也要引导学生增强自我保护意识，不被不法之徒伤害。

法律伴我行

◎ 邛崃市职业教育中心　王诗瑞
◎ 指导老师　罗炎兮

　　法律是闪亮的明星，指引我们的航程；法律是文明的花朵，提高我们的素质；法律是和谐的基石，创造文明的社会。古希腊哲学家亚里士多德说："法律就是秩序，有好的法律才有好的秩序。"

　　我们国家是一个法治国家。正所谓"国有国法，家有家规""不以规矩，不成方圆"，但有些人无视国法，现今未成年人犯法的比例越来越高，较以前来说，犯罪率源源不断地上升。这里面，有的是因为家庭原因，有的是因为交友不慎，有的是因为好奇心，归根结底都是因为法律意识淡薄，最终误入歧途。

　　2000年12月17日晚上，卢县少年王某，因为好玩，竟想制造火灾。于是将一堆麦草点燃，随后火苗蹿到张某家老屋外，很快点燃了屋子，王某觉得好玩悄悄躲在暗处看村民救火。火势越来越大，不仅烧毁了房子，还烧死了一头牛和一些用具，损失共计7000余元。法庭鉴于王某未成年，遂依法对其减轻处罚，判处有期徒刑8个月，其父母赔偿受害人全部经济损失7000余元。没有法律意识的人就像一艘无舵的航船，飘飘荡荡，没有方向。

　　无独有偶，2005年1月4日，江西省17岁的杨某，在网吧因为盗用他人账号上网被管理员发现而赶出网吧，于是杨某就纠集了两名身份不明的男青年到该网吧为他出气。到网吧后，三人将网吧管理员李某打成轻伤，将另一管理员黄某的手划伤，公安机关接到报案后立即赶赴现场，将杨某及两名男青年抓获，检察机关经审查，以寻衅滋事对其批准逮捕。

上述两个案例犯罪嫌疑人均为未成年，前者因为好玩所以制造了火灾，后者因为想出气所以打伤了人。这些人都没有考虑到后果，法律意识非常薄弱，如果他们在此之前就明白这些事情会触犯法律，那么就可能避免灾难的发生。

"国无常治，又无常乱，法令行则国治，法令弛则国乱。"加强法治教育，学习法律知识，提高法律意识。让我们将"法"深植于心，让"法"在我们的心中烙下深深的印记，让我们一起学法、守法、用法，让法律在我们心间长驻！

● **家长感言：**

通过学习法律知识活动，我的孩子现在也对法律有了一个比较深刻的认识与了解。有些孩子本应该有着光明、美好的前途，却因为法律意识淡薄而误入歧途。希望今后普法活动能够再多一些，让更多的未成年人提高法律意识。

● **老师评语：**

在我们的日常生活中，许多青少年因为不知法、不守法而最终待在"高墙铁院"里，把美好的前途毁了。老师希望大家通过普法活动，能够知法用法。遵循法律的准则，使自己不逾矩；拿起法律的武器，保护自己。

守法与守礼

◎ 成都电子信息学校　杨　鹏
◎ 指导老师　冯美蓉

　　自2015年5月3日开始，一段视频在网上疯传：四川成都市娇子立交天桥下，一男子驾红色私家车将一长发女子的私家车逼停，并打开车门将女司机拖出殴打，造成女司机轻微脑震荡。舆论哗然，纷纷指责男司机的残暴，男司机涉嫌寻衅滋事被刑拘，并录了一段短片向女司机道歉。随后，男司机的行车记录仪片段曝光：女司机突然从侧面连续变道，男司机急刹车并长按喇叭，险些相撞，随后两车互相阻道，二人对骂，最后两辆车并排呈"S"形向前行驶，男司机的孩子不断哭喊……自此网友态度逆转，逾六成网民对男司机打人表示理解，有人甚至认为"打得好"。

　　那究竟应该怎样看待此事件呢？我认为应从以下两个方面来看：

　　其一，此事件究其本质，在于两人都没有礼让意识。人最基本的礼节是尊重他人、尊重自己，享受自己的自由应以不影响他人的自由为前提。如果女司机在内心深处有这种意识，就不会违章变道，就不会被拖下车被殴打导致成脑震荡了；如果男司机有礼让意识，就不会不顾自己的妻儿的安全而继续互相追逐阻道，直至逼停女司机还对其进行殴打，自己也被刑拘！

　　其二，两位司机都不对，男女司机都存在违章变道的问题。开始是女司机违章变道，险些与男司机的车相撞，但过后，男司机也开始违章变道阻道，最后两车几乎并排呈"S"形向前行驶。如果女司机不违章变道，此事件会发生吗？男司机会在大马路上下车殴打女司机吗？如果女司机违章变道，男司机能守法，冷静处理，把记录仪交给交警处理，既安全，自己也不至于被刑拘，道歉的就不是男司机而是女司机！我认为男女司机都应该承担相应的法律责任。

由此可见：守法与守礼是密不可分的，法律通过外在的强制力约束人们的行为，而礼节则通过人们自己内心的自觉来规范自己的行为。只有将这些外在的约束转化为自己内在的自觉需要，才能从根本上杜绝违法！所以我们一定要在日常生活中养成自觉守礼守法的好习惯，从礼貌礼节做起，遵纪守法，做一个高素质的中国公民。

● **家长感言：**

一场本不该发生的事，由一人违章变道到两人变道阻道，直至对骂、逼停、殴打！害人害己，实属不该。只希望大家从此事件中能从小事做起，从礼貌礼节做起，自觉守礼守法。

● **老师评语：**

能结合具体事件阐述守法守礼的关系：违法一定失礼，引出在日常生活、学习工作中要养成守礼、守法的好习惯，有一定的认识高度。不错！

我所理解的"法治"

◎ 成都石室蜀都中学　刘思语
◎ 指导老师　蒋良山

　　"法治"一词在《百科全书》中定义为，"将国家、政府与政治领袖都置于法律的规范下，将这个原则作为政治体制基础。"这话实在过于抽象。我认为，所谓"法治"，顾名思义，就是"依法治理"。要"法治"，就先得有"法治"。

　　目前，依法治国是我国的基本国策，但我国不同于许多西方国家。法学家李步云说过："任何国家的任何一个时期，都有自己的法律制度，但不一定是法治。"此话让我震惊，倘若拥有"法治"，却不"法治"，那与封建专制有何区别？倘若政权凌驾于法律之上，民主从何体现？倘若并非任何人违法必究，法的尊严将置于何处呢？

　　我走在街上，时常见到这样的情景，一些汽车迎着红灯飞驰而去，行色匆匆的路人对红灯也总是视而不见。也许有些人确因某事须争分夺秒，但更多人只是因为"此处无电子眼"才对此习以为常，由此形成了独具特色的"中国式"过马路。一位驾驶经验极其丰富的司机曾向我得意地讲述他了解几乎整个城市的电子眼分布情况，对于没有电子眼的路口，凭他丰富的经验足以分析各种路况，若无危险，他一定毫不犹豫闯红灯。智者千虑，必有一失。偶然失手，被交警抓住，他也无奈接受惩罚，全当是积累"经验"了。当我问到为什么要违反交通规则时，他抱怨道："有些规定真的不太合理，不但没有减缓堵塞，反而添堵！车流量并不大双车道的单行道，难道需要限速60千米/小时？人烟稀少的两条双车道交汇的丁字路口，设置红绿灯岂不是多余？"此话让我深思：一些并不合理或不人性化的规定我们也要甘愿接受吗？我认为，导致这样现象的根本原因在于规则制定者考虑得不周全。然而一项法律的制定，必得拥有丰富的专业知识，必得需要集思广益，多方商讨。当所有公民都可以直接参与法律制定时，我们的法律才不至于漏洞百出，"法治"才会真正深入人心。

我所理解的"法治"里，政治清明，国泰民安。不会有乱闯红灯、违规停车，让城市紧张的交通神经饱受折磨；不会有贪官逍遥法外，让大量国家财富流失；不会有赈灾资金被扣压，让灾民无法及时得到救助；不会有权势来隐瞒真相，让一颗颗赤子之心被辜负！

愿法治观念深入民心，愿我们每个公民都能在法治社会里，得到最好的保障。

● 家长感言：

虽说她平时就爱关注一些法治栏目，关注生活中的热点事件，但能写出这样一篇较有深度的法治论文，这与学校的教育和老师的指导分不开的。特别感谢这次征文活动，它对孩子来说是一次难得的学习机会。

● 老师评语：

本文语言质朴、见解深刻。作者以一个中学生的眼光，感悟生活，领会法治的精神，并放眼未来，展现美好的愿景，实在难能可贵。

无法，何以治天下？

◎ 成都市中和中学　唐艺玮
◎ 指导教师　戢　雁

　　据传宋朝的丞相赵普"半部《论语》治天下"，在那些儒家思想主导的时代，《论语》中的德、仁、礼、孝的确能够对人们的言行起到很好的约束作用。但是，两千多年过去了，想仅靠《论语》来治理当今这个复杂多变的社会显然是不切实际的幻想。实践证明，就当今社会而言，法律才是治国之道。

　　《现代汉语词典》对法律是这样定义的：法律，是由立法机关制定、国家政权保证执行的行为准则。这个定义告诉我们：法律是治理一个国家的依据，在执行的过程中需要国家政权强有力的支持，法不容情！如果我们觉得法律缺乏人情味，那么试想一下，如果没有法律的约束，世界将会怎样？

　　曾经的一句"我爸是李刚"，"红"遍了中国的大江南北。这个"我"，正是因为缺乏法律意识，将个人凌驾于法律之上才会让自己的行为变得肆意而张狂。法律是这个复杂多变的时代的必需品，法律的缺失，必定会造成千千万万个"李刚的儿子"。

　　国家无法不稳。大家熟知的强大的古罗马帝国，在它的第一部法律《十二铜表法》诞生之前，维护整个罗马社会的是多年形成的习惯。习惯是人们智慧的结晶，但却并不是行事规则。当时的贵族阶级就曾遵循惯例对平民随意裁判，导致社会秩序的严重混乱，差点酿成了覆国的惨剧。它后来之所以能够称雄于欧洲，就是因为它能用法来治理国家。

国家无法不稳。中国也有这样的例子。蜀国之所以能立足于三国时期，不仅因为有桃园三杰、五虎上将，更是诸葛孔明先生用法来治蜀而结出的硕果。诸葛亮的知己马谡失守街亭，众将皆以为他会手下留情，可严苛的法律岂容他存半点私念，最终他挥泪斩马谡，用法律坚守着蜀国社稷！

放眼当今社会，哪一个国家不依法治国？哪一个社会不靠法律来维护正常的秩序？

一代枭雄拿破仑曾说："我最自豪的事，不是我取得了多少胜利，而是我的《民法典》！"是的，我们应该感谢拿破仑，正是因为他的《民法典》，近代法治社会才拉开了序幕，我们才能生活在和谐安定平等的社会里！国家无法不稳，无法，难以治天下！

● **家长感言：**

文章结构清楚、语言铿锵、观点明确、论据清晰、论证有力。孩子能关注历史，反思现今，我们家长很欣慰，也有很强的时代意义。

● **老师评语：**

文章开头简洁，并在文中联系到当下人们所关注的多个事件，表达自己对法治与人们利益与幸福之间关系的思考与关心，有理有据，入情入理，不失深入与明晰，体现出了时代的担当和责任心。

在成长的道路上与法同行

——论青少年普法的重要性

◎ 成都电子信息学校　周春强
◎ 指导教师　吴　艳

　　青少年是祖国的未来、民族的希望，是社会主义现代化事业的建设者和接班人。学校、老师和政府十分关心和重视青少年的成长，但近年来由于各种消极因素和不良环境的影响，我国青少年犯罪率日渐上升，给社会和家庭造成了严重的危害，因此在建设社会主义法治国家的进程中，只有加强对青少年的法治教育，才能促进青少年的健康成长。

　　正值青春期叛逆期的我们，心智尚未成熟，在不良风气影响下，容易产生错误的人生观和价值观。如果没有正确的引导，极有可能误入歧途，其犯罪的潜在性较大，对于社会、其家庭及个人不亚于一颗定时炸弹，一旦爆炸，害人害己。

　　未满18岁的中学生刘强（化名）为帮哥们儿出气，伙同他人用铁棍殴打陌生人，造成了一人重伤、两人轻伤。当地法院以故意伤害罪判处刘强有期徒刑1年2个月。

　　2012年2月9日下午5时，区某和杨某到平南县某镇二中门口欲进入学校球场打球，遭到学校门卫唐某阻拦，为此双方发生争执，区某用随身携带的弹簧刀刺向唐某大腿等多处，随后潜逃。唐某经医院抢救无效死亡。次日，两人到公安机关自首。经法院审理后认为，被告人区某、杨某故意伤害他人，致一人死亡，其行为已经触犯刑法，构成故意伤害罪。公安机关指控被告人区某、杨某故意伤害罪成立，判处两人无期徒刑。

上述案例违法者都是处在青春期的未成年人，由于法律意识相当淡薄，才导致他们违法犯罪。

法律是维护社会秩序的重要途径。当维护社会秩序的道德力量不够之时，需要用法律手段解决。在公共社会生活中，法律具有引导作用、强制作用、预测作用和评价作用。所以每个公民都应知法守法，这样社会才会更和谐、更稳定。

改革开放以来中国法治进程突飞猛进。"依法治国"被写进《宪法》，多么值得骄傲。然而我们应思考的是：如何在我们成长路上与法同行？或许有人会质疑：你多虑了。但我说："不！法律离我们很近，轻视法律作用的人，只是没有真正意识到法律的重要性。"

"正义不仅应得到实现，而且要以人们看得到的方式加以实现。"——这即是法律！

● **家长感言：**

孩子的成长教育不能完全推给学校和社会，家庭教育也很重要。在我们生活的方方面面都离不开法律，身边的很多事也需要法律解决。在孩子的成长道路中一定要教育他们遵纪守法，作为一名家长也要和孩子一起好好学法。

● **老师评语：**

这是一个中学生的呐喊和期望。该生利用我们身边的例子告诉大家法律意识的淡薄将会酿成的后果，让每一个中学生都警醒，同时也给老师们提醒，当今社会刻不容缓的是对中学生的法治教育，知法守法的意识从小就要培养。

增强法律意识，构建和谐校园

◎ 新津县华润高中　郭明辉
◎ 指导教师　张兴淑

　　近日来，新闻媒体报道了多起"校园暴力"案件，诸如学生之间的打架斗殴，教师与学生间的矛盾冲突等。

　　究其本质，就是因为部分学生以及个别教师的法律意识不强。

　　细细探来，有如下四个原因。

　　首先，学生在此时（中学期间）正处于青春期，性格尚未成熟稳定，易暴躁、易怒、易冲动、易失去理智而导致"校园暴力"的发生。而教师呢，则可能是因为在这期间，工作的压力、家庭的压力等方面因素导致无法冷静处理矛盾，意气用事。

　　其次，中学生正处于青春期阶段，思想处于多变不稳定时期，容易受到外界环境的影响。部分中学生在探索社会现象时受到一些社会不良人士的诱惑，在大脑判断失准时，最易做出违反法律的事件。而教师面对学生的心理、性情的变化，缺乏科学的处理，常常采用强制措施，导致矛盾加剧，冲突中，自己也在无意中违法了。

　　再次，无论是学生还是老师，大家做出缺少法律意识的事，都是因为法律知识的薄弱。尽管学校、媒体会宣传各种法治知识，但如果大家并不主动认知，学习。这样怎么可能让大家在思想中构建完整的法律意识，在行为中处处尊法守法呢？

　　最后，出现问题学生，家长也有责任。家庭教育是孩子的第一教育，家长是孩子的第一任和终生老师。很多家长以为"将孩子放在学校便万无一失"，没有想过家庭教育如果跟不上，学校再多努力，也会有遗憾。我们需要家校合作，加强沟通，共同努力，才能让孩子的身心健康成长。尤其是家长要带头学法、守法，才会让孩子也学法、守法，不受外在不良环境的影响。

构建和谐校园，要让我们每一个人都需坚信法律，对法律有信仰，随时随地都以"法"为先，才能真正做到预防并减少犯罪事件的滋生。作为学生，作为老师，都应增强法律意识，并将之普及于家庭及社会生活中。

● **家长感言：**

我们家长有时候确实对孩子的法治教育、心理教育做得不好，感谢这次活动，让我们对家庭教育有了新的认识，也意识到，只有家长带头学法、守法，孩子才会真正学法、守法。

● **老师评语：**

本文作者就校园暴力事件产生的原因进行了分析，论述观点正确，材料比较充实，叙述层次分明，有较强的逻辑性。文字通顺流畅。